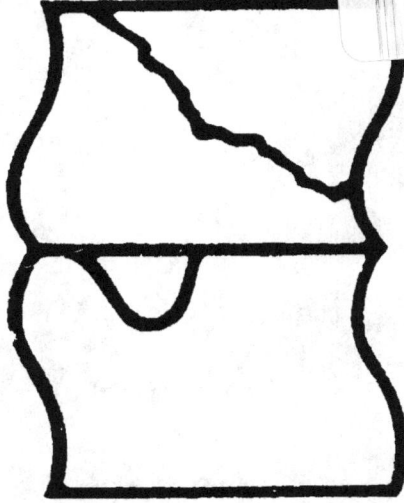

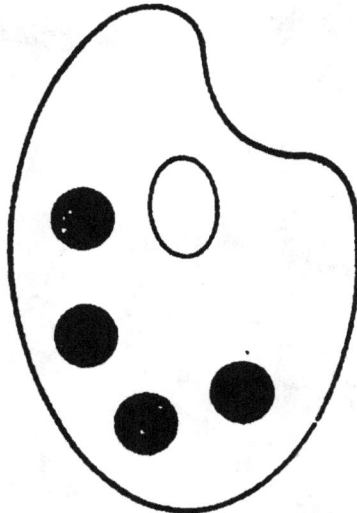

Couture . . . .

EDMOND ROSTAND

LA PRINCESSE

LOINTAINE

PIÈCE EN QUATRE ACTES

EN VERS

Représentée pour la première fois, à Paris, le 5 avril 1895,
sur le théâtre de la RENAISSANCE.

PARIS

CHARPENTIER et E. FASQUELLE, Éditeurs

11, RUE DE GRENELLE, 11

1895

Tous droits réservés.

LA PRINCESSE

LOINTAINE

DU MÊME AUTEUR

Les Musardises, poésies (*épuisé*).

Les Romanesques, comédie en trois actes et en vers (Comédie-Française).

PROCHAINEMENT :

Poèmes Sensitifs.

Paris. — Imprimerie L. MARETHEUX, 1, rue Cassette. — 5532.

EDMOND ROSTAND

LA PRINCESSE LOINTAINE

PIÈCE EN QUATRE ACTES

EN VERS

Représentée pour la première fois, à Paris, le 5 avril 1895,
sur le théâtre de la RENAISSANCE.

PARIS

G. CHARPENTIER et E. FASQUELLE Éditeurs

11, RUE DE GRENELLE, 11

1895

A MADAME

SARAH BERNHARDT

puis-je ne pas dédier cette pièce?

E. R.

LES PERSONNAGES :

MÉLISSINDE, princesse d'Orient, comtesse
de Tripoli.......................... Mme SARAH BERNHARDT.

BERTRAND D'ALLAMANON, chevalier et troubadour provençal..................... MM. GUITRY.

JOFFROY RUDEL, prince de Blaye, troubadour aquitain........................ DE MAX.

FRÈRE TROPHIME, chapelain du prince .. JEAN COQUELIN.

ÉRASME, son médecin........ .... CHAMEROY.

SQUARCIAFICO, marchand génois........ LAROCHE.

LE CHEVALIER AUX ARMES VERTES, aventurier au service de l'Empereur Manuel
Comnène .... CASTELLI.

SORISMONDE, dame d'honneur de Mélissinde Mme MARTHOLD.

LE PATRON DE LA NEF.....⎫   ⎧MM. MONTIGNY.
TROBALDO LE CALFAT......⎪   ⎪   LACROIX.
FRANÇOIS LE REMOLAR....⎪   ⎪   ANGELO.
PÉGOFAT...................⎬ Mariniers ⎨ ARQUILLIÈRE.
BRUNO....................⎪   ⎪   MONROSE.
BISTAGNE................⎪   ⎪   GÉRARD.
JUAN LE PORTINGALAIS....⎪   ⎪   PELLETIER.
MARRIAS D'AIGUES-MORTES⎭   ⎩   MAGNIN.

LE PILOTE .... CAUROY.
PREMIER PÈLERIN .... RAMY.
DEUXIÈME PÈLERIN................... TORRY.
TROISIÈME PÈLERIN.............. ... BESNARD.
QUATRIÈME PÈLERIN............ ..... LETELLIER.
CINQUIÈME PÈLERIN.................. MAUGIS.
NICHOLOSE, valet de Squarciafico........ PIRON.
UN MOUSSE.......................... CAMUS.

Les Mariniers, Des Musiciens, Esclaves, to.

XIIe SIÈCLE

LA
PRINCESSE LOINTAINE

PREMIER ACTE

Le pont d'une nef qui paraît avoir souffert une longue et terrible traversée. On voit qu'il y a eu tempête : voiles en loques, vergues brisées, échevêlement de cordages, mât rajusté qui penche. On voit qu'il y a eu bataille : taches de sang, armes éparses. Nuit finissante. Ombre grise et transparente. Ciel qui pâlit. Étoiles qui se raréfient. Mer violette sous des écharpes de vapeurs. Horizon de brumes.
L'éclairage, au cours de l'acte, change insensiblement.

SCÈNE PREMIÈRE

LES MARINIERS: BRUNO, BISTAGNE, MARRIAS, PÉGOFAT, TROBALDO, FRANÇOIS, ETC., LE PILOTE, puis LE PATRON DE LA NEF et FRÈRE TROPHIME

(Au lever du rideau, couchés ou assis en tous sens, des mariniers à face tragique, blêmes, décharnés ; ils paraissent épuisés de fatigues et de privations. Quelques-uns, blessés, sont sommairement pansés de haillons. Deux d'entre eux, au fond en balancent, par la tête et par les pieds, un troisième, inerte.)

LES DEUX MARINIERS : PÉGOFAT et BRUNO, au fond.

Un... deux... trois... houp!
(Ils lancent le corps par-dessus le bastingage.
On entend sa chute dans l'eau.)

PÉGOFAT

C'est fait.

BRUNO

Encore un camarade
Qui ne nagera pas, Tripoli, dans ta rade!

1

PÉGOFAT, ôtant son bonnet vers le disparu.

Adieu, garçon!

BRUNO, regardant au loin.

Bientôt l'aurore. Une rougeur.

(Ils redescendent.)

FRANÇOIS, se réveillant et s'étirant.

Qui vient-on de jeter?

BRUNO

Audriu l'Égorgeur.

FRANÇOIS

Maudite fièvre!
(Il regarde le pont dévasté.)

Eh bien, elle en a fait, la vague!

BISTAGNE, levant la tête.

Et le vent, donc! Plus de boulines!...

BRUNO

Plus d'ilague!

FRANÇOIS

Le mât pourrait bien choir. Mieux vaudrait le scier.

BISTAGNE

Moi, je voudrais manger.

BRUNO

Rien chez le pitancier!

FRANÇOIS, se levant.

Aï! ma blessure!...
(Il chancelle.)

Ho! ho!... On ne se tient plus, presque!
Que l'on rencontre encore une nef barbaresque,
Et l'on ne pourra plus se battre!...

BRUNO

On se battra!
Car il faut arriver: Rien ne l'empêchera!
Tant pis pour toute nef qui nous cherchera noise!

BISTAGNE

Quand donc voguera-t-on dans l'eau sarrasinoise?

LE PILOTE

Bientôt, j'espère. Mais le temps fut si mauvais!
Ah! l'aiguille qui dit le nord, si je l'avais!
Et la pierre dont on la frotte!...

BISTAGNE, haussant les épaules.

Quelle bourde!

LE PILOTE

Non, ils sont quelques-uns qui l'ont, dans une gourde :
On frotte. De la pierre est amoureux le fer.
Alors l'aiguille tourne et dit le nord : c'est clair.

TOUS LES MARINIERS

Ha! ha! — C'est idiot!... Est-il bête! — Une aiguille!

PÉGOFAT

Bah! passons-nous d'aiguille, et vogue la coquille!
— Tiens, le temps s'éclaircit, la misère prend fin!

BRUNO

Tu trouves, toi? Hé bien, et la soif?

FRANÇOIS

Et la faim?

BISTAGNE

Oui, ce qu'on a souffert!

PÉGOFAT

Le ciel nous soit en aide!

TROBALDO, apparaissant à cheval sur une vergue.

Le drôle, après tout ça, serait qu'elle fût laide!

TOUS LES MARINIERS

Oh! non, elle est très belle! — Elle l'est! —

TROBALDO

De par Dieu,

Il faut qu'Elle le soit, Bistagne!

BISTAGNE

Et plus qu'un peu,
Fils, après les dangers qu'on a courus pour Elle!
Ou bien, moi, je me fâche!

BRUNO

Il faut qu'Elle soit belle!

TOUS

Elle l'est! — Elle l'est!

MARRIAS

Moi, j'en suis sûr!

UN RAMEUR

Ah! mais!
Ça m'ennuierait si vers un monstre je ramais!

PÉGOFAT, riant.

Il y pense en ramant, le Marseillais!

LE RAMEUR

Sans cesse!

BISTAGNE

C'est toujours beau, va, sois tranquille, une princesse!

LE PILOTE, haussant les épaules.

Vous ne parlez que d'Elle.

PÉGOFAT

On est si fatigué!
Regarde : on parle d'Elle, et l'on est presque gai.

LE PILOTE

Vous la montrera-t-on seulement, cette oiselle?

BRUNO

Le Prince l'a promis, de nous mener vers Elle
Si l'on arrive, et de lui dire que c'est nous
Qui l'avons apporté jusques à ses genoux!

LE PILOTE

Et crois-tu qu'avec nous une princesse cause?

PÉGOFAT

Non. Mais on la verra, c'est déjà quelque chose.
On ne parle que d'Elle en tous pays chrétiens !

UN MOUSSE

Et de ses yeux !

LE PILOTE, se retournant vers lui.

Tu veux voir ses yeux, toi ?

LE MOUSSE

Mais, tiens !

PÉGOFAT

Le maître !
(Le patron de la nef est entré depuis un moment et a écouté.)

LE PATRON DE LA NEF

Il faut d'abord, pour les voir, qu'on arrive ;
Et que Joffroy Rudel, notre bon prince, vive !

LES MARINIERS

Il va plus mal ? — Hélas ! — Pauvre homme !

BRUNO

Quel meschef !

LE PATRON

Voyez, on a fermé le château de la nef.
Veillé par ses amis, sans doute qu'il repose !

PÉGOFAT

Hier soir il chantait encor !

BISTAGNE

C'est quelque chose
D'étonnant, comme il fait aisément des chansons !

FRANÇOIS

Comment nomme-t-on ça, dont il tire des sons ?...

LE PILOTE, d'un air capable.

Ça s'appelle une lyre.

1.

FRANÇOIS

Ah !... une lyre ! — Dame,
Ça fait un joli bruit.

BISTAGNE

Bien doux pendant qu'on rame !

PÉGOFAT

Et quand il faut haler, ça donne de l'élan !

LE PATRON

Chut ! l'aumônier du Prince.

PÉGOFAT

Ah ! oui !... le capelan !

(Frère Trophime, robe rapiécée et trouée, sort du château de la nef, consul e
le ciel et va s'agenouiller au fond.)

BRUNO

Un prêtre pas gênant.

FRANÇOIS

Brave nature. Franche.

BISTAGNE

Ah ! si tous les curés avaient sa large manche !

LE PATRON

Les luizernes du ciel ont éteint leurs derniers
Feux pâles...

BISTAGNE

L'aube poind.
(Une clarté plus blanche règne.)

FRÈRE TROPHIME, agenouillé.

Vierge des mariniers,
Toi qui changeas la mer farouche en mer bénigne,
Fais glisser jusqu'au port la nef comme un grand cygne.
Vierge, en suite de quoi, s'il vit, sire Rudel
Tira mettre à Tortose une nef sur l'autel,
Copiant en argent celle en qui nous errâmes,
Avec son gouvernail, ses voiles et ses rames !

LE PILOTE

Peuh !... tout ça !... Si j'avais mon aiguille !

BISTAGNE

Animal!

En tous les cas ça ne peut pas faire de mal.
(Érasme sort à son tour. Robe de docteur en lambeaux. Décoiffé, l'air piteux. Les mariniers ricanent.)

BRUNO

Le vieux mire, à présent, qui montre sa frimousse.

FRANÇOIS

Le médico.

BISTAGNE

Pas fort!

TROBALDO, haussant les épaules.

Un médecin d'eau douce!

SCÈNE II

FRÈRE TROPHIME, ÉRASME, LES MARINIERS, au fond.

FRÈRE TROPHIME, allant vers Érasme.

Maître Érasme, le mal?

ÉRASME

Va toujours empirant.
Le prince dort, veillé par messire Bertrand.
(Regardant l'horizon.)
Eh bien, frère Trophime, eh bien, on ne discerne
Que du brouillard!
(Furieux.)
Moi, moi, médecin de Salerne,
Je vous demande un peu, que fais-je en ces périls?
Ma cathèdre, mon feu, mes livres, où sont-ils?
Hélas! le vent de mer, qui mit ma robe en loques,
M'a successivement ravi toutes mes toques!...

FRÈRE TROPHIME

Le prince?...

ÉRASME

Eh! mais, pourquoi ce musard des musards,
Ce poète, vint-il se mettre en ces hasards?
Lorsque j'entrai chez lui, prince doux et débile,
C'était pour vivoter sous son toit, bien tranquille,

C'était pour le soigner sur terre, et non sur mer.
Je trouve ce voyage extrêmement amer !

(Se promenant avec une fureur croissante.)

Ah ! que l'enfer rôtisse et que le diable embroche
Ces maudits pèlerins arrivant d'Antioche,
Qui sont venus parler les premiers, au château,
Un soir, comme on soupait, à l'heure où le couteau
De l'écuyer tranchant attaquait une dinde,
Sont venus les premiers parler de Mélissinde !
Ils chantèrent, — avec quel zèle inopportun ! —
La fille d'Hodierne et du grand Raymond Un ;
Ils déliraient, parlant de cette fleur d'Asie !
J'en vois encore un gros dont l'œil rond s'extasie...
Ils en parlèrent tant que soudain, se levant,
Le prince, ce poète épris d'ombre et de vent,
La proclama sa Dame, et, depuis lors, fidèle,
Ne rêva plus que d'Elle, et ne rima que d'Elle,
Et s'exalta si bien pendant deux ans qu'enfin
De plus en plus malade et pressentant sa fin,
Vers sa chère inconnue il tenta ce voyage,
Ne voulant pas ne pas avoir vu son visage !

FRÈRE TROPHIME

Maître Érasme...

ÉRASME

Il aura l'écume pour linceul !
— Et ce sire Bertrand d'Allamanon, qui, seul,
Lorsque tous à Rudel faisaient des remontrances,
Louangea son amour, approuva ses souffrances,
Déclara ce départ admirablement beau,
Et voulut s'embarquer aussi sur le bateau !
— Mais c'est absurde ! — Et vous, un prêtre, en cette affaire !
On peut comprendre encor ce que moi j'y viens faire !
Mais vous ! le chapelain du prince ! comme si
Vous aviez une excuse à vous trouver ici !
Votre maître, lui seul de la chevalerie,
Sans avoir pris la croix vogue vers la Syrie,
Et, pèlerin d'amour, il chante sur son luth
Que le Tombeau Divin n'est pas du tout son but !

FRÈRE TROPHIME

Sait-on le but secret à quoi Dieu nous destine ?

ÉRASME

Nous allons pour des yeux de femme en Palestine!

FRÈRE TROPHIME

Croyez que le Seigneur le trouve de son goût.

ÉRASME

Ah! vraiment? Le Seigneur? Qu'y peut-il gagner?

FRÈRE TROPHIME

Tout.

ÉRASME

Oh!

FRÈRE TROPHIME

Car il gagne tout, c'est du moins ma pensée,
A toute chose grande et désintéressée;
Presqu'autant qu'aux exploits des Croisés, je suis sûr
Qu'il trouvera son compte à ce bel amour pur!

ÉRASME

Il ne peut comparer une tendre aventure
Au dessein d'affranchir la Sainte Sépulture!

FRÈRE TROPHIME

Ce qu'il veut, ce n'est pas cet affranchissement.
Croyez que s'il se fût soucié seulement
De chasser du Tombeau l'essaim des infidèles,
Un seul ange l'eût fait, du seul vent de ses ailes!
Mais non. Ce qu'il voulut, c'est arracher tous ceux
Qui vivaient engourdis, orgueilleux, paresseux,
A l'égoïsme obscur, aux mornes nonchalances,
Pour les jeter, chantants et fiers, parmi les lances,
Ivres de dévouement, épris de mourir loin,
Dans cet oubli de soi dont tous avaient besoin!

ÉRASME

Alors, ce que le Prince accomplit pour sa Dame?...

FRÈRE TROPHIME

De même me paraît excellent pour son âme.
Elle était morte en lui, gai, futile, indolent;
Elle revit en lui, souffrant, aimant, voulant.
Que selon ses moyens chacun de nous s'efforce

L'important, c'est qu'un cœur nous batte dans le torse !
Le Prince est hors du vice, et des vains jeux d'amour,
Et des vains jeux d'esprit de sa petite cour :
Doutez-vous que bien mieux ces sentiments ne vaillent?
C'est pour le ciel que les grandes amours travaillent.

ÉRASME

Soit !

FRÈRE TROPHIME, baissant la voix.

Remarquez encor. Ces rameurs, sur leurs bancs,
Ces mariniers, jadis, qu'étaient-ils ? — Des forbans.
Rêve-t-on cargaison d'âmes plus scélérates
Que celles de la nef, jadis ? — nef de pirates ! —
Mais ils se sont loués, comme le font souvent
Les Corsaires à ceux qui vont dans le Levant,
Pour porter monseigneur vers sa Dame lointaine !
Quand on signa le pacte avec leur capitaine,
La Princesse, à coup sûr, n'existait pas pour eux.
Or, voyez, maintenant, tous en sont amoureux.

ÉRASME

Vous en êtes content?

FRÈRE TROPHIME

Enchanté ! — La galère
S'élance vers un but plus noble qu'un salaire !
Tous rêvent la Princesse, aspirent à la voir,
Et ces férocités se laissent émouvoir :
La Dame du poète, ils en ont fait leur Dame ;
On finit par aimer tout ce vers quoi l'on rame !
Ils voudraient que le prince atteignît aux chers yeux !
Son amour leur a plu, vague, mystérieux,
Parce que les petits aiment les grandes choses
Et sentent les beautés poétiques sans gloses !
Cette noble folie et que nul ne comprit
Apparaît toute claire à ces simples d'esprit !

ÉRASME

Le pilote a trouvé la démence trop forte !

FRÈRE TROPHIME

Il est déjà moins simple.

ÉRASME

Et puis d'ailleurs, qu'importe ?

FRÈRE TROPHIME

Beaucoup. Car tout rayon qui filtre, d'idéal,
Est autant de gagné dans l'âme sur le mal.
Je vois dans tout but noble un but plus noble poindre;
Car lorsqu'on eut un rêve on n'en prend pas un moindre!
J'estime donc ces cœurs désormais agrandis.
— Vous semblez étonné de ce que je vous dis?...
Oui, je suis partisan des aventures hautes !
Et près de celle-ci, que sont les Argonautes ?
Elle est lyriquement épique, cette nef,
Qui vole, au bruit des vers, un poète pour chef,
Pleine d'anciens bandits dont nul ne se rebelle,
Vers une douce femme étrange, pure et belle,
Sans aucun autre espoir que d'arriver à temps
Pour qu'un mourant la voie encor quelques instants !
Ah! l'inertie est le seul vice, maître Érasme !
Et la seule vertu, c'est...

ÉRASME

Quoi ?

FRÈRE TROPHIME

L'enthousiasme !
(Il remonte.)

ÉRASME

Hum!... Soit ! — Drôle de moine, on ne peut le nier..
(Après réflexion.)
On ne tardera pas à l'excommunier.
(Bertrand, dont les vêtements aussi sont en lambeaux, sort du château de la nef.)

BERTRAND, à Érasme.

Le prince se réveille...

ÉRASME

Auprès de lui je rentre.
(Il entre dans le château.)

SCÈNE III

FRÈRE TROPHIME, BERTRAND, LES MARINIERS

LE PATRON, à Pégofat qui a lâché sa rame.

Nagez donc !

PÉGOFAT

Oh ! trois jours qu'on n'a rien dans le ventre.
Je ne peux plus !

BRUNO, dans un râle.

J'ai soif !

FRÈRE TROPHIME, allant à Bertrand et lui prenant les mains

Mon fils, ton dévouement
Au Prince est admirable, et ton cœur est charmant.

BERTRAND

Mon cœur est faible à tout sentiment qui le gagne.
Un héros passe, il me séduit, je l'accompagne !
Serais-je Provençal, serais-je troubadour,
Si je n'avais pas pris parti pour cet amour ?...
(Aux mariniers.)
Courage, mes amis !... On avance !... on avance !...
(A frère Trophime.)
J'étais si peu content de ma vie en Provence ;
Je m'écœurais de vivre à ravauder des mots,
A faire, de mes vers, de tout petits émaux.
J'étais las d'un métier de polisseur à l'ongle ;
Je vivais, vaniteux sophiste, esprit qui jongle.
A quelque chose, au moins, maintenant je suis bon.

FRÈRE TROPHIME

Ton courage, les soins au Prince moribond...

BERTRAND

Je suis poète, — et sais-je, en ce dévouement même,
Si ce qui m'a séduit, ce n'est pas le poème ?

FRÈRE TROPHIME

Qu'importe ? Tu fus brave. Il est mauvais, mon fils,
De toujours dénigrer les choses que tu fis !

BERTRAND

Vous me gênez, mon saint ami, par vos louanges.
Car les diversités de mon cœur sont étranges !
Je suis capable, eh oui, de grandes actions,
Mais trop à la merci de mes impressions.
Elle m'effraie un peu, l'aisance avec laquelle
J'ai tout quitté, trouvant cette aventure belle !
D'autres, moins prompts au bien, au mal seraient plus lents !
Ne m'admirez pas trop pour mes nobles élans :
Je suis poète...

UN MARINIER, étendu, au patron qui essaye de le faire se relever.

Ah ! non !... Je ne peux plus !

LE PATRON, à Bertrand.

Messire,

Ce qui leur rend courage, il faut le leur redire.
(Les mariniers se traînent vers Bertrand.)

PÉGOFAT

Sire Bertrand, j'ai faim : dis-moi ses cheveux d'or.

BRUNO, même jeu.

J'ai soif, sire Bertrand : dis-moi ses yeux, encor !

FRANÇOIS, même jeu.

Tu nous as tant de fois, pendant notre détresse,
Tant de fois raconté comment est la Princesse !
(Ils sont tous autour de lui, exténués et suppliants.)

BERTRAND

Eh bien, bons mariniers, je veux
Vous le raconter encore une :
Du soleil rit dans ses cheveux,
Dans ses yeux rêve de la lune ;

Quand brillent ses traits délicats
Entre les chutes de ses tresses,
Tous les Amants sont renégats,
Plaintives toutes les Maîtresses ;

2

Un je ne sais quoi de secret
Rend sa grâce unique ; et bien sienne,
Grâce de Sainte qui serait.
En même temps Magicienne !

Ses airs sont doux et persifleurs,
Et son charme a mille ressources ;
Ses attitudes sont de fleurs,
Ses intonations de sources...

Telle, en son bizarre joli
De Française un peu Moabite,
Mélissinde de Tripoli
Dans un grand palais clair habite !

Telle nous la verrons bientôt
Si n'ont menti les témoignages
Des pèlerins dont le manteau
Est bruissant de coquillages !

(Pendant ces vers, les mariniers se sont peu à peu relevés.)

PÉGOFAT

Hein ? Comme il parle ! On ne comprend pas tout très bien.
Mais on voit qu'elle doit être bien belle, hein ?

BRUNO

Oui, je vais mieux...
(Ils s'activent tous.)

FRANÇOIS, ramant.

Hardi !

LE PILOTE

Mais quels fous vous en faites !
Ce que c'est que d'avoir à son bord des poètes !

BERTRAND

Rudel et moi, dis-tu, nous en faisons des fous ?
Mais s'ils peinent encor ce n'est que grâce à nous.
A bord de toute nef que l'orage ballotte,
Il faudrait un poète encor plus qu'un pilote.

PÉGOFAT, narguant le pilote.

Surtout quand le pilote est, comme lui, subtil !

BERTRAND

Jusqu'à quand ce brouillard, sur l'eau, traînera-t-il?

LE PATRON DE LA NEF

Attendez le soleil.

BRUNO , montrant le pilote.

Il rage !

LE PILOTE

Patience !

Quand j'aurai mon aiguille !

PÉGOFAT

Eh! bien quoi! ta science
Restera courte, va! — Quand tu sauras le nord,
Tu n'empêcheras pas qu'on ne s'ennuie à bord!

BRUNO

Tu n'empêcheras pas qu'on n'y manque de vivres!

FRANÇOIS

Et feras-tu qu'à jeun les mariniers soient ivres?

BISTAGNE

Et feras-tu qu'absents, ils soient dans leur pays?

TROBALDO

Et feras-tu briller à leurs yeux éblouis
Du pays où l'on va les futures richesses?

PÉGOFAT

Leur raconteras-tu, d'avance, les Princesses?

FRÈRE TROPHIME

On apporte le prince !

(Joffroy Rudel, la figure terriblement défaite, le corps perdu, tant il est maigre, en ses loques, est apporté sur un grabat. Il grelotte la fièvre, et ses yeux vivent extraordinairement.)

BERTRAND

A vos bancs, les rameurs!

JOFFROY RUDEL, d'une voix faible.

Plus nous nous approchons, plus je sens que je meurs.

SCÈNE IV

LES MÊMES, JOFFROY RUDEL

JOFFROY

Je te salue, ô jour, à ta plus fine pointe!...
Quand tu fuiras ce soir, Elle, l'aurai-je jointe?
Princesse d'Orient dont le nom est de miel :
Mélissinde!.. vous que l'empereur Manuel
Voulait Impératrice en sa Constantinople,
L'onde met entre nous, toujours, tout son sinople!
Fleur suprême du sang du glorieux Baudoin,
Ne verrai-je jamais venir sur l'eau, de loin,
Avec sa plage d'or où la vague s'argente,
L'heureuse Tripoli dont vous êtes régente? —
La brume ne construit encore à l'horizon
Qu'une ville illusoire! — O flottante prison!
Mourrai-je sans avoir même de la narine
Aspiré de l'espoir dans la brise marine,
Hélas! et reconnu, venant vers moi, par l'air,
Le parfum voyageur des myrtes d'outre-mer?

LE PILOTE

Attendez, de par Dieu, que la brume se lève!

JOFFROY

La voir, avant mourir, pour qu'endormi j'en rêve!

PÉGOFAT

Vous la verrez!

JOFFROY

         Merci, rude et vaillante voix!
Mais, qu'ai-je donc, mon Dieu? Pour la première fois,
Vais-je désespérer aujourd'hui? Oh ! ma Dame...
Ramez bien, les rameurs, car je sens fuir mon âme!

BRUNO

Vous la verrez!

JOFFROY

Bruno, Bistagne, Pegofat,
François le Rémolar, Trobaldo le Calfat,
Vous qui souffrez pour moi des maux de toutes sortes
Juan le Portingalais, Marrias d'Aigues-Mortes,
Toi, Grimoart, toi, Luc... tous les autres — merci.

PÉGOFAT

Laissez donc. On est fier de ce voyage-ci !

BRUNO

C'est une traversée illustre !

FRANÇOIS

C'en est une !

JOFFROY

Oui, vous ne portez pas César et sa fortune,
Mais vous portez Joffroy Rudel et son amour !

FRÈRE TROPHIME, s'approchant.

Espérez, mon enfant.

JOFFROY, avec un faible sourire.

Saint Trophime, bonjour !

(Se tournant vers Érasme.)

Sans robe doctorale et sans toque, j'admire
Comme vous avez l'air moins savant, mon cher mire.

ÉRASME

Monseigneur...

JOFFROY, lui tendant la main.

Sans rancune.

(A Bertrand.)

Approche, ami bien cher,
Frère plus fraternel que d'une même chair,
Qui voulus, généreux, me suivre en ce voyage,
Quand tous me trouvaient fou qui, seul, me trouvas sage !...
... Ah ! je vais mourir loin de tout ce qui fut mien

BERTRAND

Non, ne regrette pas...

JOFFROY, vivement.

Je ne regrette rien !
Ni parents, ni foyer, ni la verte Aquitaine...
Et je meurs en aimant la Princesse lointaine !

2.

ÉRASME

Elle est cause de tous nos maux..!

JOFFROY

Je la bénis.

J'aime les espoirs grands, les rêves infinis,
Et le sort d'Icarus me paraît enviable
Qui voulut, vers le ciel qu'il aimait, l'air viable!
Et tombant comme lui, je n'eusse pas moins fort
Aimé ce qui causait si bellement ma mort!

ÉRASME

Cet amour, malgré tout, me demeure un problème.
Ce qu'on ne connaît pas, se peut-il donc qu'on l'aime?

JOFFROY

Oui, lorsqu'ayant un cœur impatient et haut,
On ne peut plus aimer ce que l'on connaît trop!

(Se soulevant sur son grabat.)

Ai-je en vain suspendu l'escarcelle à l'écharpe?
Ai-je pris le bourdon en vain? —Mais sur ma harpe,
D'une voix qui faiblit, oh! d'instant en instant,
Si je ne puis la voir, je mourrai la chantant!

(Il prend la harpe pendue à la tête de son grabat et prélude.)

Mais j'hésite, et je rêve, et prolonge l'arpège...
Pour la dernière fois chantant, que chanterai-je?
O premiers vers d'amour faits pour Elle jadis,
Mes premiers vers, soyez les derniers que je dis!

(Il récite en s'accompagnant.)

C'est chose bien commune
De soupirer pour une
Blonde, châtaine ou brune
    Maîtresse,
Lorsque brune, châtaine,
Ou blonde, on l'a sans peine.
— Moi, j'aime la lointaine
    Princesse!

C'est chose bien peu belle
D'être longtemps fidèle,
Lorsqu'on peut baiser d'Elle
    La traîne,

Lorsque parfois on presse
Une main, qui se laisse...
Moi, j'aime la Princesse
        Lointaine !

Car c'est chose suprême
D'aimer sans qu'on vous aime,
D'aimer toujours, quand même,
        Sans cesse,
D'une amour incertaine,
Plus noble d'être vaine...
Et j'aime la lointaine
        Princesse !

Car c'est chose divine
D'aimer lorsqu'on devine,
Rêve, invente, imagine
        A peine...
Le seul rêve intéresse,
Vivre sans rêve, qu'est-ce?
Et j'aime la Princesse
        Lointaine !

          (Il retombe défaillant.)

Je ne peux plus ! Hélas ! mes pauvres doigts trembleurs
Ne trouvent plus les nerfs de la harpe. Les pleurs
M'étouffent... Mélissinde !!... Hélas ! je vais me taire,
Et peut-être à jamais, car l'espérance...

          UNE VOIX, dans les voiles.

                              Terre !

(Violent tumulte. Joffroy s'est dressé d'un coup, debout sur son grabat, les bras ouverts.)

          MARRIAS

Oui ! Regardez !

          ROUNO

     C'est vrai ! Terre !

          FRANÇOIS

                    Noël ! Ramons !

          BISTAGNE

Le brouillard cachait tout !

JUAN

Un pays d'or !

TROBALDO

Des monts

Violets !

PÉGOFAT

Tripoli ! Noël !

BRUNO, courant comme un fou.

Soyez donc calmes !

FRANÇOIS

Terre ! C'est Tripoli !

MARRIAS

Je vois déjà les palmes !

DISTAGNE

Non, pas encor !

FRANÇOIS

Si, je les vois !

TROBALDO

Un alcyon !

PÉGOFAT

La plage a l'air, là-bas, d'une peau de lion !

LE PILOTE

Oui, c'est bien Tripoli, mes calculs étaient justes !
Voici les longs murs blancs et les grêles arbustes !

TOUS

Gloire au pilote !

PÉGOFAT

Vois, sous le ciel s'enflammant
La ville est rouge !

BRUNO

Oh ! cet oiseau rose !

FRANÇOIS

Un flamant !

BISTAGNE

Embrassons-nous !

TROBALDO

Chantons !

PÉGOFAT

Oui, la malheure cesse !

TROBALDO

Terre !

JUAN

Terre !

BISTAGNE

Le port !

PÉGOFAT

Tripoli !

JOFFROY

La Princesse !
(Il tombe évanoui entre les bras de Bertrand).

LE PATRON

Et maintenant... jetez les ancres !

BERTRAND, qui aidé d'Érasme et de Trophime, a recouché Rudel sur son grabat.

Mais il meurt !

Mais il faut aborder !

LE PATRON

Oh ! non ! Le moindre heurt
Contre un récif pourrait briser notre coquille ;
On ne peut approcher sans donner de la quille !...
On va nous envoyer des felouques.

BERTRAND

Ses yeux
Sont clos.
(A Érasme qui est penché sur le prince.)
Respire-t-il un peu mieux ?

ÉRASME

Un peu mieux.
Mais le Prince est très mal.

BERTRAND, désespéré.
> On ne peut pas attendre!

JOFFROY

Oh! tu parles trop fort, et je viens de l'entendre.
D'ailleurs, je le savais. Je vais mourir. Il faut
Me transporter à terre, au plus tôt, au plus tôt!...
Sans quoi, mes bons amis, je vais, comme Moïse,
Mourir les yeux fixés sur la Terre promise!

BERTRAND, bas, à Érasme.

Peut-on le transporter?

ÉRASME
> Il n'y faut pas songer.

JOFFROY, se débattant.

Je veux la voir!

ÉRASME lui présente une fiole.
> D'abord conjurons le danger.

Buvez. Puis du repos. Et vous pourrez...

JOFFROY, à Bertrand.
> Écoute,

Bertrand, emmène-moi là-bas, coûte que coûte!
Puisque je suis perdu, vous pouvez sans remord
Me laisser avancer de quelque peu ma mort.
Je suis un homme enfin, et l'on peut tout me dire
Serai-je mort avant d'arriver?

ÉRASME
> Oui, messire!

JOFFROY

Ah! Bertrand! Au secours!

ÉRASME
> Mais, si vous demeurez

En repos, sans parler, calme, vous guérirez,
Et vous pourrez alors la Dame de vos songes...

JOFFROY

Non! non! Les médecins font toujours ces mensonges!...
Bertrand, je veux la voir!

BERTRAND, avec force.

Tu la verras !

JOFFROY

Comment?

BERTRAND

Tu la verras, te dis-je ! Oh ! j'en fais le serment !
— Oui, j'y vais, je lui parle, et je te la ramène.

JOFFROY

Bertrand!...

BERTRAND

Elle n'est pas, peut-être, une inhumaine!
Oui, oui! Tu la verras avant la fin du jour.
Soigne-toi bien. Je vais lui dire ton amour !

JOFFROY

Bertrand!...

BERTRAND

Elle saura qu'un Français, qu'un poète,
L'adora, traversa les Turcs et la tempête,
Pèlerina vers elle ainsi que vers la Croix,
Et qu'il arrive, et que trop malade...

JOFFROY

Et tu crois?...

BERTRAND

Qu'elle viendra?... Mais j'en suis sûr! Mais je m'en charge,
Et vite! Une nacelle, une barque, une barge!
Oui, l'esquif de la nef, c'est cela! — Nous verrons
Ce qu'elle répondra! — Vite!... Les avirons! —
Je ramerai. Ce n'est pas bien long, ce passage!
On va te ramener ta princesse; sois sage!

JOFFROY

Oh! Bertrand, si tu fais cela!...

BERTRAND

Je le ferai!
Il faudra qu'elle vienne ici, bon gré, mal gré.

JOFFROY

Pourras-tu seulement arriver devant Elle?
Te voyant accoutré d'une manière telle,
Les gardes du palais...

BERTRAND

C'est vrai!
(A un marinier.)
Toi, dans l'esquif,
Mets mon coffre d'atours et d'armes... Va, sois vif!

JOFFROY

Attendez... et joignez ce coffret à son coffre.
Ce sont là mes plus chers joyaux. Je te les offre.
Mon fermail, mon collier et mes éperons d'or.
L'envoyé d'un poète amoureux, c'est encor
Plus que l'ambassadeur d'un Roi! fais-toi splendide!
Va, que rien ne t'arrête!

LE PATRON, à Bertrand.

Il faudra prendre un guide,
Car le palais n'est pas proche du port, dit-on.
A la prime maison demandez un piéton.
Votre hôte s'offrira de lui-même sans doute,
Et vous pourrez chez lui vous vêtir; puis, en route

JOFFROY

Dis-lui de venir vite, ou sinon je m'en vais...

ÉRASME

Prince, ne parlez pas, cela vous est mauvais.

JOFFROY

Oui, je me tais!... (A Bertrand.) Écoute...

BERTRAND

Il faut que tu reposes!

JOFFROY

Attendris-la, sois éloquent, trouve des choses!
Ou plutôt non, dis-lui la simple vérité :
Que je l'adore, et que je meurs d'avoir chanté,
Éperdument chanté sa beauté sans égale,

Comme d'avoir chanté le soleil, la cigale!
Oh! mais que je mourrai le prince des amants,
Si pour deux ans d'amour je la vois deux moments!

BERTRAND

Oui, oui, ne parle plus.

JOFFROY

Je me tais, — mais j'y pense:
Ne lui dis pas cela sitôt en sa présence!...
Il faut la préparer. — Je me tais, je me tais! —
Et pour la préparer si tu lui récitais
D'abord ces vers, tu sais, que j'ai dits tout à l'heure...
Mais oui, cela serait la façon la meilleure
D'expliquer mon amour, peut-être?

BERTRAND

Ne crains rien.

Je lui dirai tes vers?

JOFFROY

Tu les lui diras bien?

BERTRAND, avec une gaîté forcée.

Si j'en faussais un seul, hein, quelle catastrophe!
Va, je ferai sonner tendrement chaque strophe.

JOFFROY

Pour la dernière fois, peut-être, embrassons-nous.

(Ils s'étreignent.)

FRÈRE TROPHIME

Je resterai pendant l'ambassade à genoux.

ÉRASME, bas, à Bertrand.

Il peut durer deux jours, comme il se peut qu'il meure
Ce soir, comme il se peut qu'il soit mort dans une heure!

LE PATRON, de même.

Messire, s'il venait à mourir tout d'un coup,
Nous hisserions au mât le sigle appelé Loup,
La voile noire qui nous sert, à nous corsaires,
Les nuits... où nous craignons d'avoir des voiles claires!

FRÈRE TROPHIME, accompagnant Bertrand.

Ah! persuadez-la! — Qu'elle vienne le voir! —
Insistez! Insistez!

3

BERTRAND

Oui, jusqu'au signal noir!

(Il enjambe le plat bord et descend dans l'esquif. On entend un bruit de chaînes, d'avirons, d'eau battue.)

JOFFROY

Là, portez mon grabat tout près du basti⸱gage!
Je suis sûr qu'elle va venir.

La voix de BERTRAND, lui répondant d'en bas.

Je m'y engage!

Adieu! — Ne parle plus! — A bientôt!

(Bruit rythmique de rames qui décroît.)

JOFFROY

C'est certain
Qu'il la ramènera. — Qu'il fait beau ce matin! —
La barque glisse et fuit sur une eau toute rose. —
Oh! d'abord quand Bertrand s'engage à quelque chose!...

BRUNO

Elle viendra!

FRANÇOIS

Nous la verrons!

PÉGOFAT

Sur le bateau!

TROBALDO

De tout près.

a voix de BERTRAND, au loin se perdant.

Bon espoir... La Princesse... bientôt...

JOFFROY

La barque est déjà loin. Comme les eaux sont calmes!
Le grincement décroît des rames dans les scalmes...
Laissez-moi là... Je veux y rester tout le temps!
— Là! — Je ne parle plus. — Je regarde. — J'attends.

RIDEAU

DEUXIÈME ACTE

Une salle d'un palais d'un luxe moitié roman, moitié oriental. Au fond, un large vitrail s'ouvre sur des terrasses, derrière lesquelles la mer monte dans le ciel. A droite, second plan, une grande porte ouverte laisse apercevoir une galerie qui fuit, avec des colonnades sveltes et des jets d'eau. A gauche, un escalier de porphyre descend d'une lourde porte d'or. Les dalles de marbre, éblouissantes, et toutes les marches de l'escalier sont jonchées de lys fraîchement coupés. Sorte de divan aux nombreux coussins. Pendue au mur, près de la porte, une énorme hache d'armes, au manche émaillé, tout bossué de cabochons verts.

SCÈNE PREMIÈRE

LES PÈLERINS

(Au lever du rideau, le vitrail du fond est fermé. Un groupe de pèlerins, vêtus de la robe de bure à coquilles, tenant en main chacun le bourdon et une longue palme verte, se tient sur le devant de la scène. Ces pèlerins parlent à mi-voix comme des gens intimidés et éblouis de ce qu'ils voient.)

PREMIER PÈLERIN

La Dame qui nous a reçus ne revient pas.

DEUXIÈME PÈLERIN

Le silence est si pur qu'on entend sous les pas
Le craquement léger des lys que l'on écrase.

TROISIÈME PÈLERIN

Chut!... Écoutez!... Non, rien, c'est un jet d'eau, qui jase.

QUATRIÈME PÈLERIN

Je n'ai plus d'où je suis le sentiment bien net.
Nous avons traversé combien de salles?

PREMIER PÈLERIN

Sept.

DEUXIÈME PÈLERIN

Il y avait des mosaïques singulières!

TROISIÈME PÈLERIN

Il y avait des oiseaux d'or dans des volières!

QUATRIÈME PÈLERIN

Et des tapis de pied, et des coussins d'appui!

DEUXIÈME PÈLERIN, au troisième.

As-tu vu ce colosse inquiétant?

TROISIÈME PÈLERIN

Celui
Qui nous dévisagea l'un après l'autre? Certes!

PREMIER PÈLERIN

Taisez-vous; c'est le Chevalier aux Armes Vertes,
L'étrange aventurier...
(A ce moment, on voit passer dans la galerie un cheval·er de haute stature,
à l'armure émaillée de vert.)

DEUXIÈME PÈLERIN, au premier, bas avec un coup de coude.

Chut!... Il est dans ton dos!...

TROISIÈME PÈLERIN, à voix basse, regardant le chevalier à la dérobée.

Le cercle de son heaume est fait de péridots...

QUATRIÈME PÈLERIN

Et le pommeau de son glaive d'une émeraude!
(Le chevalier disparaît.)

DEUXIÈME PÈLERIN, frissonnant.

Oh! mais je n'aime pas ce fantôme qui rôde!...

PREMIER PÈLERIN, reprenant son récit.

Oui, c'est l'aventurier magnifique et cruel
Qui représente ici l'Empereur Manuel,
Le fiancé de la Princesse...

DEUXIÈME PÈLERIN

Ah! Elle épouse
L'Empereur Manuel?

PREMIER PÈLERIN

Étant d'humeur jalouse,
Se sachant accepté pour la raison d'État,
Le César byzantin a craint qu'on ne tentât
De conquérir d'amour le cœur de la Très-Belle,
Et ce guerrier, dit-on, veille, pour lui, sur Elle, —

Barrant aux jeunes gens l'accès de ce palais,
A moins...

TROISIÈME PÈLERIN

Mais je suis jeune !

PREMIER PÈLERIN

A moins qu'ils ne soient laids !

QUATRIÈME PÈLERIN

C'est qu'il semble doué d'une force...

PREMIER PÈLERIN

Effroyable !

(Montrant la hache accrochée au mur.)

Nul ne peut soulever sa hache d'armes.

DEUXIÈME PÈLERIN

Diable ! —
Ce beau jeune homme, alors, que tantôt, sur le quai,
Sautant de son esquif, nous avons remarqué, —
Et qui disait à des Génois et des Morisques
De le mener vers la Princesse, — court des risques !...

TROISIÈME PÈLERIN

Il criait comme un fou que même Belzébuth
Ne l'empêcherait pas d'arriver à son but.
— Et c'est qu'il n'a pas l'air d'un que l'on fait démordre !

(Depuis un moment, dans la porte de la galerie, le chevalier a reparu. Sur les derniers mots il fait un mouvement et s'éloigne très vite. Au bruit, les pèlerins se retournent.)

PREMIER PÈLERIN

Hum ! il nous écoutait !

DEUXIÈME PÈLERIN

Il va donner quelque ordre
Pour empêcher d'entrer notre inconnu...

PREMIER PÈLERIN, au deuxième pèlerin.

Vieux sot !
Vous avez trop parlé !

TROISIÈME PÈLERIN

Ah ! bah ! le jouvenceau
Est d'abord descendu, pour revêtir ses armes,
Chez le chef du parti génois. Donc, point d'alarmes !
Maître Squarciafico, ce fin matois, saura

3.

L'aviser du danger, et le conseillera.
Car il souhaite fort qu'un candidat se pose
Contre cet Empereur, qu'il redoute, et pour cause.

PREMIER PÈLERIN

Chut!... J'entends des accords de viole et de luth,
Et la Dame revient qui nous a reçus! — Chut!...

SCÈNE II

LES PRÉCÉDENTS, SORISMONDE, puis MÉLISSINDE

SORISMONDE, paraissant au haut de l'escalier devant la porte d'or fermée.

Pèlerins qui demain repartez pour la France,
La Princesse connaît par moi votre présence,
Et que vous avez tous, d'Antioche ou de Tyr,
Voulu venir la voir avant de repartir!

PREMIER PÈLERIN

Oui, pour que son image enchante notre errance!

SORISMONDE

La Princesse n'a pas avec indifférence
Connu que vous étiez venus dans cet espoir,
Et, généreuse, elle veut bien se laisser voir.
Elle entend maintenant sa matinale messe...
        (On entend tinter une cloche.)
Mais la messe est finie. Elle vient.

UN HÉRAUT
                · La Princesse!

(Les portes d'or s'ouvrent, Mélissinde paraît, revêtue d'une lourde chape
surchargée de pierreries de toutes sortes, le front ceint d'un tressoir de perles.
Autour d'elle des enfants portent des gerbes de lys.)

PREMIER PÈLERIN

C'est elle!

DEUXIÈME PÈLERIN

        Ho! quelle grâce inattendue elle a!

TROISIÈME PÈLERIN

Dans les perles de l'Inde et les lys, voyez-la!

QUATRIÈME PÈLERIN

Oui, les récits qu'on fait d'elle sont véridiques :
Elle efface les lys et les perles indiques !

PREMIER PÈLERIN

Telle Hélène, quand les vieillards causaient entre eux !

MÉLISSINDE, du haut des marches.

Ainsi, vous reverrez la France, gens heureux !
Ainsi, vers votre nef, vous croirez que s'avance,
Bientôt, dans un brouillard bleuâtre, la Provence !
Je vous envie ! — Hélas ! je suis comme ces fleurs
Qui naissant sous des cieux qui ne sont pas les leurs,
Et devinant au loin qu'elles ont des patries,
Peuvent sembler fleurir, mais se sentent flétries !
(Elle descend quelques marches.)
Vous verrez, sur la mer, le sol natal qui poind !...
— Moi, ma vie est d'aimer en ne connaissant point,
Et d'avoir des regrets, sans une souvenance...
(Elle descend une dernière marche et s'avance entre les pèlerins.)
Mais déjà, comme il sied aux chrétiens en partance,
Vous avez tous cueilli la Palme.
(Prenant des lys aux mains des enfants.)
                              Voulez-vous
Chacun joindre à la palme un lys fragile et doux,
Et le garder, ce lys, relique bien légère,
Pour vous remémorer la française étrangère ?
(Elle leur distribue les lys.)

UN PÈLERIN

La Palme redira nos durs chemins ; — le Lys,
Ta beauté qui nous fut la meilleure oasis !

DEUXIÈME PÈLERIN

La Palme nous sera le sévère trophée,
Le Lys, le souriant souvenir d'une fée !

TROISIÈME PÈLERIN

Adieu, Princesse, Lys toi-même, de beauté !...

QUATRIÈME PÈLERIN

Lys toi-même de grâce et de gracilité !...
(Les pèlerins remontent peu à peu.)

MÉLISSINDE

Adieu !...

(Les pèlerins sortent. On les entend repasser sous le vitrail ouvert. Mélissinde va y paraître. Les enfants ont déposé sur une table une gerbe restante de lys, — et ils renouvellent sur les dalles la jonchée que les pas des pèlerins ont dispersée.)

LES VOIX DES PÈLERINS, passant sous le vitrail.

Noël !... Noël !...

(Mélissinde, après un geste d'adieu, referme le vitrail et redescend. Les enfants sortent.)

SCÈNE III

MÉLISSINDE, SORISMONDE

SORISMONDE

Quelle aménité fine !
Quelle condescendance !... Elle fut, la divine,
Bonne plus joliment que jamais aujourd'hui !

MÉLISSINDE

Oh ! tu sais bien que je suis bonne par ennui !
(Elle dégrafe nerveusement son manteau.)
Manteau brodé, stellé, gemmé, toi qui m'écrases
De corindons, de calcédoines, d'idocrases,
De jaspes, de béryls, de grenats syriens,
De tous ces vains cailloux, de tous ces riches riens,
Manteau, fardeau, sous qui je ploie et deviens blême,
O somptueux manteau, tu me sembles l'emblème
D'un autre que je porte et qu'on ne peut pas voir
Et qui me pèse encor,
(Elle le laisse glisser de ses épaules à terre.)
quand je t'ai laissé choir !
(Elle émerge dans une gaine blanche. Sorismonde ramasse la chape. Elle lui tend aussi sa couronne.)
Prends mes perles aussi, tout ce qui me déguise:
Ouf !
(De quelques lys prestement arrachés à la gerbe, elle se coiffe.)
Me voici coiffée à peu près à ma guise,
De quelques fleurs encor perlières de la nuit !
(Se jetant dans le fauteuil.)
Oui, tu sais bien que je suis bonne par ennui !
(Un temps.)

Au fait, est-ce bien par ennui que je suis bonne?
Non, c'est par intérêt qu'aux pèlerins je donne
Mes plus beaux lys avec de touchantes façons.

SORISMONDE

Et qu'attendez-vous d'eux, Madame?

MÉLISSINDE

Des chansons!

C'est grâce à la chanson d'un de ces pauvres hères
Que je suis aujourd'hui la plus chère des chères,
Celle qu'aime Joffroy Rudel le Troubadour
D'un si miraculeux et si célèbre amour!
Oui, ce poète à moi que j'ai là-bas en France,
Commença de m'aimer au bruit d'une romance,
Et tu sais combien plaît à mon cœur isolé
Cet amour dont la gloire a jusqu'à nous volé!
Combien, dans le médiocre où vivre nous enserre,
Le sublime de cet amour m'est nécessaire!
(Avec un geste vers la fenêtre.)
Eh bien, ces pèlerins, en France, ils s'en iront
Dire partout, de moi, de mes yeux, de mon front,
Des choses qui feront rêver les jeunes hommes...

SORISMONDE

Et Rudel le saura. Voilà comme nous sommes!

MÉLISSINDE

Et peut-être, en effet, Rudel le saura-t-il,
Et c'est une façon, pour mon âme en exil,
De correspondre un peu par-dessus la mer vaste
Avec mon amoureux.

SORISMONDE

C'est une façon chaste.

MÉLISSINDE

Oui, je veux l'exalter toujours plus dans l'orgueil
De m'adorer ainsi. Voilà pourquoi l'accueil
Que j'ai fait à ces gens. Ma bonté n'est pas grande,
Non, mais tout simplement je soigne ma légende!

SORISMONDE

Vous voici de nouveau toute à ce rêve vain.
Moi, j'aimerais Rudel, mais il faudrait qu'il vint!

MÉLISSINDE

Mais j'aime son amour, j'aime son âme, j'aime...

SORISMONDE

Je ne comprends pas bien. Si par un stratagème
De sorcier, si par un anneau de magicien,
Vous pouviez voir d'ici quel visage est le sien?...

MÉLISSINDE

Tu veux des sentiments trop nets...

SORISMONDE

Et vous, trop vagues.
Que n'avez-vous un tel anneau parmi vos bagues!
Mais votre esprit se plaît dans un doux errement..

MÉLISSINDE

Oui, dans mes grands jardins, pâles lunairement,
J'écoute murmurer la brise entre les myrtes...
Je vais voguer sur l'eau glauque et lisse des Syrtes,
Où ma belle galère aux flancs ornementés
Mire le jour des fleurs et le soir des clartés;
Et puis, du son des luths que le plectre suscite
Je donne de l'envol aux vers que je récite;
Et puis, m'enfermant seule en ces vastes pourpris,
Je m'y attriste, — et ma tristesse a bien son prix! —
Enfin, j'erre aux parfums de ces lys sur ces dalles,
Et le rêve, m'ouvrant de vaporeux dédales,
M'oblige à peu à peu déserter le réel,
Et ma raison s'endort au bruit sempiternel...
Au bruit sempiternel des jets d'eau dans les vasques!

SORISMONDE

Oui, nous manquons ici d'éperons et de casques.
Il nous faudrait beaucoup de jeunes chevaliers!
Mais votre affreux gardien les éloigne... Riez!
Cet homme est près de vous placé, bien qu'il le nie,
Comme auprès du Trésor on place le Génie!
Depuis qu'il est ici, nul ne frappe au vantail!

MÉLISSINDE, riant.

Prendre un garde d'honneur pour un épouvantail!

SORISMONDE

L'Empereur est jaloux...

MÉLISSINDE, haussant les épaules.

S'en donne-t-il la peine?

SORISMONDE, s'asseyant sur un coussin, à ses pieds.

Et vraiment, vous allez l'épouser, ce Comnène?

MÉLISSINDE

Pourquoi pas?... Un mari, ce n'est pas un amant.

SORISMONDE

Mais puisqu'il vous ennuie?

MÉLISSINDE

Impérialement!

SORISMONDE

Ce Turquois ne peut vous comprendre...

MÉLISSINDE

Sorismonde,
Nul homme à qui je sois plus illisible au monde...
C'est tout à fait celui qu'il me faut pour mari.
Un jour je lui disais ma tristesse, il a ri!...
Eh bien, je trouverai, comme ont fait d'autres dames,
Des plaisirs d'ironie à nos distances d'âmes!...
Qui pouvais-je épouser de mieux que Manuel
Pour rester toute à mon amant incorporel?

SORISMONDE

Si pourtant quelque jour un amour véritable
Venait dans votre cœur, glouton, se mettre à table?...

MÉLISSINDE

Non, l'invisible ami me protège trop bien!

SORISMONDE

Ce n'est pas l'ange, enfin, mais c'est l'amant gardien.

MÉLISSINDE

C'est celui dont je sens, le soir, longeant la grève,
Les pensers m'arriver comme à tire de rêve,
Si bien que je réponds dans la brise : Merci!

SORISMONDE

Vous ne lui devez rien à ce poète?

MÉLISSINDE

Si !...

Je lui dois mes fiertés, mes soucis, mes scrupules,
Mes tendances de cœur, mon goût des crépuscules,
Mes frissons délicats et mes larmes aux yeux,
Tout ce qui m'envahit de noble et d'anxieux,
Je lui dois la blancheur des robes que je porte,
Et je lui dois enfin mon âme, en quelque sorte!

SORISMONDE, secouant la tête.

Et faut-il pour cela lui dire tant merci?...
J'en veux à cet amour...

MÉLISSINDE

Moi, quelquefois, aussi.

(Elle se lève.)
Il fait trop beau. L'orage est dans l'air. Ah! j'étouffe!
(Sorismonde veut éloigner les lys posés sur la table.)
Non, laisse. C'est pour moi, maintenant, cette touffe.

SORISMONDE

Vous vivez trop parmi les lys. Les lys sont blancs.
Les lys sont fiers et purs. Mais les lys sont troublants.

MÉLISSINDE

Peut-être as-tu raison. Ce sont des fleurs étranges,
Et traîtresses, avec leurs airs de sceptres d'anges,
De thyrses lumineux pour doigts de séraphins :
Leurs parfums sont trop forts, tout ensemble, et trop fins.
(Elle prend la touffe et la regarde.)
Peut-être as-tu raison : ce sont des fleurs mauvaises!
On contracte, à frôler ces candeurs, des malaises;
Leur orgueil solitaire est d'un fâcheux conseil,
Et le rire vaut mieux des roses au soleil.
(Respirant les lys.)
Ah! ce parfum! Je ne sais plus ce qu'il me verse.
Cette mysticité n'est-elle pas perverse?
(Avec une frivolité forcée.)
Soit, vivons : trouvons-nous de petits passe-temps!
J'ai mandé mon marchand génois. Mais oui. J'attends
Squarciafico!... J'en suis à me faire des joies

Avec les curieux objets, les pâles soies,
Et j'use de longs jours à choisir des dessins
Imprévus, et des tons mourants pour mes coussins.
(Elle s'est assise parmi les coussins du divan.)

SORISMONDE

Votre rusé Génois vous fournit d'amusettes,
Et vous ne voyez pas, distraite que vous êtes,
Tout ce qu'il vous extorque, ici, jouant son jeu,
Pour lui, pour le quartier des marchands, peu à peu!...
Commodes aux voleurs sont les princes artistes!
Aussi, tous nos Génois trafiquants sont-ils tristes
De vous perdre, ô Princesse éprise de beaux vers,
Dont les yeux sont fermés, et les doigts sont ouverts!...
Ah! votre mariage, ils le voient avec peine,
Car ils savent quel maître ils auront dans Comnène!

UNE FEMME, entrant.

Le Chevalier aux Armes Vertes attend là
L'autorisation de venir prendre...

MÉLISSINDE, haussant les épaules.

Il l'a.

SCÈNE IV

MÉLISSINDE, SORISMONDE, LE CHEVALIER AUX ARMES
VERTES

LE CHEVALIER
(Il a l'air préoccupé et regarde souvent vers la galerie ou vers le vitrail.)

Princesse, pardonnez si ce matin je tarde
A venir prendre ici vos ordres, — Dieu vous garde!...

MÉLISSINDE, souriant.

Ne serait-ce pas vous, plutôt, qui me gardez?...

LE CHEVALIER

Oh, Madame...

MÉLISSINDE

Je sais, vous vous en défendez.
— Mes ordres? — Je ferai, peut-être, un tour en rade.

4

LE CHEVALIER

Bien.

MÉLISSINDE

Y a-t-il des fleurs sur ma nef de parade,
Et des musiciens?

LE CHEVALIER, galamment.

Il y en a toujours.

MÉLISSINDE, se levant.

Au fait, si nous sortions tout de suite?

(A Sorismonde.)

Va, cours
Prendre un voile...

LE CHEVALIER, vivement.

Oh! non, pas tout de suite!

(Mouvement de Mélissinde.)

Madame,
J'agis avec vraiment le désespoir dans l'âme...
Mais à cette sortie il vous faudrait surseoir.

MÉLISSINDE

Hein?... Qu'est-ce à dire?

LE CHEVALIER

Oh, pas longtemps! Jusqu'à ce soir.

MÉLISSINDE

C'était donc vrai?

LE CHEVALIER

Las! je ne suis que l'homme-lige
De l'Empereur, Madame. Un grand serment m'oblige.
Or, ce matin, je dois redoubler...

MÉLISSINDE, vivement.

Ah! Pourquoi?

LE CHEVALIER

J'ai dû placer mes gens armés — pardonnez-moi! —
Aux portes du Palais. Cette porte dernière,
Moi-même y resterai.

MÉLISSINDE

Mais je suis prisonnière!

SORISMONDE, à la fenêtre.

Ciel, aux portes, partout, des esclaves armés!

MÉLISSINDE

Et mes gens?

LE CHEVALIER

Par mes soins, pour une heure, enfermés.
(Montrant la galerie.)
D'ailleurs, vous ne pourriez, puisqu'ici, moi, je veille,
Leur faire parvenir un seul ordre.

MÉLISSINDE

A merveille!
Je suis la châtelaine enchantée à présent!...
Sorismonde, ceci devient presque amusant.
Nous mettons les romans en action, ma chère!
— Mais que se passe-t-il? Pourquoi?

LE CHEVALIER, s'inclinant

Je dois le taire!
(Il remonte un peu, puis s'arrêtant au moment de sortir.)
J'oubliais. Ce marchand est là, ce prêteur d'or,
Ce sournois de Génois, plus juif qu'un juif, signor...

MÉLISSINDE

Squarciafico?

LE CHEVALIER

Je peux permettre qu'on lui dise
D'entrer, s'il vous convient de voir sa marchandise.

MÉLISSINDE

Ah! vraiment? Vous daignez ne pas m'ôter jusqu'au
Plaisir de recevoir mon cher Squarciafico?...

LE CHEVALIER

Vous le recevrez donc, madame, — en ma présence.
(Il sort)

SORISMONDE

Il fait bon d'épouser l'empereur de Byzance.

MÉLISSINDE

Mais que se passe-t-il?

SCÈNE V

MÉLISSINDE, SORISMONDE, SQUARCIAFICO suivi de son valet NICHOLOSE, qui porte des ballots de marchandises, LE CHEVA-LIER AUX ARMES VERTES, les bras croisés sur le seuil.

SQUARCIAFICO,
obséquieux, vif, voluble, et ne perdant pas le chevalier du coin de l'œil.

Oh ! plus belle toujours !
Le sourire lui-même, elle l'a, des Amours !
(A son valet qui ouvre les ballots.)
Nicholose, tous les objets, tu les disposes...
(A Mélissinde, en un salut.)
Princesse, nous avons beaucoup de belles choses !

MÉLISSINDE

Toujours plus riche, alors ?

SQUARCIAFICO

Bon Jésus ! Pauvre, moi !

MÉLISSINDE

Vieux menteur ! Comme tous nos Génois, riche, toi !
Ayez donc, ô chercheurs de gains en Palestine,
Non pas la Croix, mais le Sequin sur la poitrine !
Vous vous enrichissez à la Croisade ? Oh ! fi !

SQUARCIAFICO

La gloire est pour les Francs !

MÉLISSINDE

Et pour vous le profit ?

SQUARCIAFICO

Non ! Tout va mal, malgré notre patron saint George !
Des péages partout, Princesse ; on nous égorge !
On nous a supprimé les fours et les moulins !
.(Câlin.)
Vous nous les ferez rendre ?

MÉLISSINDE

On verra.

SQUARCIAFICO, montrant des sacs.

Des sacs pleins

De parfums, tous exquis !...

(Déroulant un tapis.)

Voyez ! Tapis de Perse !

(Tout en donnant des petits coups sur le tapis.)

La ville d'Ascalon, protégeant le commerce,
Donne aux Génois, par an, cent besants; c'est joli !

(Câlin.)

Vous devriez en faire autant dans Tripoli !

MÉLISSINDE

On verra !

SQUARCIAFICO, présentant un coffret.

Ce coffret, admirez-vous?

MÉLISSINDE

J'admire.

SQUARCIAFICO, à genoux devant elle et déballant.

Tissu d'or de Moussoul! Perles du Golfe! Myrrhe
De l'Arabie Heureuse! Ivoire éthiopien !...

(Bas.)

Chut ! Je vais vous parler tout bas, écoutez bien !

(Mouvement de Mélissinde. Haut.)

Beau brocart !

(Bas.)

Un jeune homme rôde...

(Haut, faisant bouffer et miroiter l'étoffe.

Teintes mates !...

(Bas.)

Rôde autour du Palais.

MÉLISSINDE, à part.

Je comprends !

SQUARCIAFICO, haut.

Aromates !

(Bas.)

On l'empêche d'entrer.

(Haut.)

Ambre ! — Daignez sentir !

(Bas.)

Il voudrait vous parler.

(Haut.)

Satin broché de Tyr !

4.

MÉLISSINDE, bas.

Son nom ?

SQUARCIAFICO, bas.

Je ne sais pas. C'est, je crois, un poète !

MÉLISSINDE, avec un petit cri qu'elle rattrape immédiatement.

Ah !... Ah ! Celte écarlate, aux yeux, est une fête !

SQUARCIAFICO, bas.

Par ruse, pouvez-vous le faire entrer chez vous ?

MÉLISSINDE, bas.

Mais non !

SQUARCIAFICO, haut.

Fin lin d'Égypte ! Est-ce souple ? Est-ce doux ?

MÉLISSINDE, bas.

D'où vient-il ?

SQUARCIAFICO, bas.

Mais de France ! A l'instant il débarque,
Beau comme un pâtre grec, et fier comme un monarque !
— Est-ce que ce gardien jamais ne s'en ira ?
(Haut.)
Des épices venant de Kiss-Ben-Omira.

MÉLISSINDE, bas.

Non, il reste, pareil au dragon dans les mythes !

SQUARCIAFICO, haut.

De l'encens, que je tiens du roi des Axumites !
(Bas.)
Ce jeune homme m'a dit que le cas est pressant,
Et, pour vous voir, qu'il se battrait un contre cent !

MÉLISSINDE, bas.

Alors ?

SQUARCIAFICO, haut.

Du calamus !
(Bas.)
Si tantôt quand il sonne
Du cor, on ne vient pas à son appel, il donne
L'assaut !
(Haut.)
Baume Arabesque, un baume tout-puissant !

Mis sur une blessure, il arrête le sang!...
(Se levant et lui offrant un petit sac.)
Et de Provence enfin, pour que sous vos dents fines
Vous les fassiez craquer, de blondes avelines!

MÉLISSINDE

C'est bon, laisse cela. J'achète tout. Va-t'en.
(A part.)
Il me semble déjà que là dehors j'entend!...

SQUARCIAFICO, repliant les étoffes.

J'aurai de beaux brocarts aux prochains arrivages.
(Sur un geste impatient de Mélissinde.)
Je m'en vais!...
(Câlin.)
Vous ferez supprimer les péages?

MÉLISSINDE

Oui.

SQUARCIAFICO, bas.

Beau comme Pâris. J'en étais ébloui!
(Haut. Câlin.)
Et la subvention, vous nous l'accordez?...

MÉLISSINDE

Oui.

SQUARCIAFICO, à lui-même.

Je crois que je n'ai pas manqué de ce qu'on nomme
Du flair, en m'attachant au sort de ce jeune homme.
Hé, hé, ceci pourrait bien nuire à Manuel...
(Se retournant sur le seuil avant de sortir en un salut plein de grâce.)
C'est dit, cent bons besants de crédit annuel!
(Le chevalier sort derrière lui.)

SCÈNE VI

MÉLISSINDE, SORISMONDE, puis LE CHEVALIER
AUX ARMES VERTES

MÉLISSINDE, à Sorismonde.

As-tu tout entendu?
(Sorismonde fait signe que oui.)
Ce jeune homme!... un poète!...

SORISMONDE

Eh mais, vous paraissez inquiète.

MÉLISSINDE

Inquiète?

Moi? Non !

SORISMONDE, avec malice.

Est-ce que vous vous ennuyez encor?

MÉLISSINDE, se jetant sur le divan.

Pourquoi pas? Ne dis pas de sottises!...

(On entend sonner un cor au loin.)

Le cor !

SORISMONDE, au vitrail.

Oui, le voilà. C'est lui. Pour s'annoncer il sonne.

MÉLISSINDE, tout à fait étendue, avec indifférence.

Que m'importe?

SORISMONDE

C'est qu'il est bien de sa personne!

MÉLISSINDE, haussant les épaules.

Comment peux-tu le voir de si loin?

SORISMONDE

Je le vois.

Il appelle; et l'on sort en armes à sa voix.
Il est à la première porte.

MÉLISSINDE

Que m'importe?

(Un temps.) |

Eh bien, qu'est-ce qu'il fait à la première porte?

SORISMONDE

Les gens de l'Empereur l'arrêtent.

MÉLISSINDE

Le pauvret !

Il s'en retourne?

SORISMONDE

Non. Il se bat.

MÉLISSINDE, s'accoudant.

Est-ce vrai?

SORISMONDE

Mais c'est qu'il les bouscule. Il passe. Vierge sainte !
Il est déjà devant la deuxième enceinte.
Il se bat !

MÉLISSINDE, se soulevant.

Est-ce vrai?

SORISMONDE

Oh ! quel superbe élan !

(Le cor résonne plus près.)
Écoutez-le sonner du cor !

MÉLISSINDE, debout.

Comme Roland.

SORISMONDE

Il va passer.

MÉLISSINDE, à la fenêtre derrière elle.

Il passe !

SORISMONDE

Il tombe !...

MÉLISSINDE

Il se relève

SORISMONDE

Sa lance s'est brisée !

MÉLISSINDE

Il a saisi son glaive.

Ah !
(Elle recule.)

SORISMONDE

Qu'avez-vous ?

MÉLISSINDE

Ses yeux ! J'ai rencontré ses yeux.
Il vient de les lever, et de me voir

SORISMONDE

Tant mieux !
Comme dans les tournois, jetez-lui votre manche.

MÉLISSINDE, se dressant dans la fenêtre et arrachant sa manche qu'elle élève.

Messire, frappez dru ! Voici ma manche blanche!
Je vous enjoins ici d'en changer la couleur !

Défendez votre sang ! Faites couler le leur !
Et ce samit d'argent à la blancheur si pure,
Ne me le rapportez que rouge.

                 (Elle lance la manche.)

         LA VOIX DE BERTRAND

             Je le jure

          (Tumulte et cliquetis, puis silence.)

        MÉLISSINDE, descendant.

Il est entré dans le Palais...

     (Sorismonde referme le vitrail. Silence.)

              On n'entend rien...

Plus rien... Que voulait-il me dire ?

       SORISMONDE, lui montrant la galerie.

               Oh, voyez !

   (Un esclave entre dans la galerie, convert de sang. l'épée à la main, les vêtements en lambeaux. Il parle bas au chevalier.)

         LE CHEVALIER

               Bien.

   (Il prend sa hache d'armes, et avec une courtoisie tranquille, à Mélissinde.)

Vous permettez? Je ferme un instant cette porte.

   (Il la ferme. On l'entend qui pousse les verrous. Silence.)

          MÉLISSINDE

Que va-t-il se passer? — Ah! je suis demi-morte!

   (On entend du bruit qui se rapproche dans le palais.)

Il vient! — Le Chevalier aux Armes Vertes, là,
Va le tuer avec cette hache qu'il a! —
Ce pauvre enfant ne peut abattre cette brute! —

   (Bruit de pas derrière la porte. Cliquetis.)

Ah! ils ont commencé!... Comme c'est long! On lutte.
On piétine! (Bruit sourd.) Quel choc!

     (On n'entend plus rien, la porte s'ouvre; elle recule.)

            Ha!... les battants ouverts!

   (Bertrand paraît sur le seuil, l'épée au poing, blessé au front; et il jette aux pieds de Mélissinde la manche empourprée.)

        MÉLISSINDE, reculant toujours.

Messire!... Ah!... Qu'avez-vous à me dire?...

          BERTRAND

             Des vers.

SCÈNE VII

MÉLISSINDE, BERTRAND, SORISMONDE

BERTRAND, mettant un genou en terre.

C'est chose bien commune
De soupirer pour une
Blonde, châtaine ou brune
    Maîtresse,
Lorsque brune, châtaine
Ou blonde, on l'a sans peine...
Moi, j'aime la lointaine
    Princesse !

C'est chose bien peu belle
D'être longtemps fidèle,
Lorsqu'on peut baiser d'Elle
    La traîne,
Lorsque parfois on presse
Une main qui se laisse...
— Moi, j'aime la Princesse
    Lointaine.

MÉLISSINDE, continuant.

Car c'est chose suprême
D'aimer sans qu'on vous aime,
D'aimer toujours, quand même,
    Sans cesse,
D'une amour incertaine,
Plus noble d'être vaine...
Et j'aime la lointaine
    Princesse.

Car c'est chose divine
D'aimer quand on devine,
Rêve, invente, imagine
    A peine...
Le seul rêve intéresse,
Vivre sans rêve, qu'est-ce ?
Et j'aime la Princesse
    Lointaine !

BERTRAND

Quoi! vous saviez ces vers?...

MÉLISSINDE

Par plus d'un ménestrel!

BERTRAND

Et vous savez qu'ils sont ?

MÉLISSINDE

Oui, de Joffroy Rudel.

BERTRAND

Et cet étrange amour aurait eu la fortune?...

MÉLISSINDE

Ah! parlez-moi de lui, car l'heure est opportune!

BERTRAND

Vous saviez la constance et le zèle fervent
De cet amour?...

MÉLISSINDE

J'aimais cet amour!... Si souvent
Dans le bruit de la vague arrivant sur le sable
La voix de cet amour me parut saisissable,
Si souvent dans le bleu d'une fuite de jour
J'ai senti près de moi l'âme de cet amour!...

BERTRAND défaillant.

Ciel!

MÉLISSINDE, penchée presque sur son front.

Vous êtes heureux?

BERTRAND

Oh! bien heureux, Madame!
Car celui... Mais le sang perdu... Je...

MÉLISSINDE

Il se pâme...
Sorismonde!

SORISMONDE, accourant.

Attendez!... Il faut l'étendre... là.

(Elles l'étendent dans les coussins.)

MÉLISSINDE, affolée.

Va! cours! De l'eau! L'aiguière! Eh, vite! donne-la!

SORISMONDE, s'agenouillant à côté de Mélissinde et de Bertrand, avec l'aiguière.

Qu'il est pâle! Il est beau comme un dieu de l'Olympe!

MÉLISSINDE

Son front saigne. Du linge! Attends. J'ai...

(Elle déchire à sa gorge de la mousseline.)

SORISMONDE

Votre guimpe!

MÉLISSINDE

Non, ce n'est rien! — Le cœur bat sous le siglaton!
— Prends le baume Arabesque! Eh, vite, il est, dit-on,
Tout-puissant! — Doucement! il va reprendre mine!
— Non, ne lui tache pas son pelisson d'hermine! —
Chut! — Il faut qu'il revienne à lui, mais sans sursauts.
— Il porte les cheveux comme les Provençaux. —
Ah! sur la joue, on voit renaître un peu de rouge;
Il respire; les cils tremblent; la lèvre bouge;
Il a serré ma main dans la sienne...

SORISMONDE

Il va mieux.

MÉLISSINDE

Il entr'ouvre les yeux. Il ouvre grands les yeux.

BERTRAND ouvrant les yeux et la voyant.

Je rêve! Je suis Flor. Et Blanchefior, c'est Elle!
A moins que, ma blessure ayant été mortelle,
Mon réveil maintenant se fasse en paradis.

MÉLISSINDE

Entends-tu, Sorismonde?

SORISMONDE

Il va mieux, je vous dis.

BERTRAND, la tête sur le bras de Mélissinde, d'où la manche a été arrachée.

Je ne me souviens plus... j'éprouve une faiblesse...
Ce bras contre ma joue...

(Mouvement de Mélissinde.)

Oh! non, laissez!

5

MÉLISSINDE

Je laisse.

BERTRAND

O brûlante fraîcheur de ce bras inconnu,
De ce bras fin, de ce bras nu !

MÉLISSINDE, retirant vivement son bras

Mais c'est vrai, — nu !

BERTRAND, se soulevant, à Mélissinde.

Mais qui donc êtes-vous ?

MÉLISSINDE

Vous savez bien, messire,
Celle à qui vous aviez une nouvelle à dire...
Mais vous êtes tombé du long, évanoui !

BERTRAND, reculant.

Oh ! non ! vous n'êtes pas la Princesse ?

MÉLISSINDE, souriant.

Mais oui !

BERTRAND

Vous, mais alors !... Vous, la Princesse !... —A la malheure !
Et moi !... Grand Dieu !... Courons, car l'heure passe, l'heure
Passe !...
(Il veut s'élancer et chancelle.)

Ouvrez ce vitrail. Regardez... je ne puis...
(Mélissinde ouvre le vitrail du fond.)

Que voyez-vous ?

MÉLISSINDE

Mais la terrasse en fleurs.

BERTRAND

Et puis ?

MÉLISSINDE

La mer.

BERTRAND

Et sur la mer, — grand Dieu, le cœur me manque ! —
Sur la mer voyez-vous une galère franque ?

MÉLISSINDE

Une petite nef ventrue, au loin, là-bas,
A l'ancre, — et qu'en effet hier je ne vis pas !

BERTRAND

C'est elle! Et tout en haut du mât?

MÉLISSINDE

Des hirondelles!

BERTRAND

Et pas de voile noire à la vergue?...

MÉLISSINDE

Des ailes,

Des ailes d'alcyon, blanches!

BERTRAND

Il est donc temps!
Oh! madame, courons! — Oh! Vierge qui m'entends,
Prolonge un peu sa vie, et qu'il quitte ce monde,
L'ayant vue! Il mourrait si content!

MÉLISSINDE

Sorismonde,
Regarde, en ses beaux yeux désespérés, des pleurs!

BERTRAND

Il mourrait si content! Car c'est la fleur des fleurs,
Et c'est l'étoile des étoiles! — Et les rêves
Seront outrepassés! Et les peines grièves,
Et tous les souvenirs amers s'aboliront,
Sitôt qu'il recevra la clarté de ce front,
Qu'il pourra contempler entre les grands cils fauves,
Ces yeux bleus, qui sont gris, et qui pourtant sont mauves!
Voyant celle dont, sans la voir, il fut épris,
Ah! je comprends qu'il faut qu'il la voie à tout prix!
— Hélas! on ne peut plus le transporter à terre!
Venez donc apparaître au pauvre grabataire
De qui l'instant dernier sera délicieux,
S'il ferme sur l'image adorable ses yeux!
Ne vous reculez pas d'une façon hautaine!
Ne redevenez pas la Princesse lointaine!
Princesse d'Orient, Princesse au nom de miel,
Venez pour que, vivant, il connaisse le ciel,
Et venez, pour qu'il ait, sur sa nef misérable,
Le mourir le plus doux, — et le plus enviable!

MÉLISSINDE, qui a reculé à mesure qu'il s'avance.

Mais de qui parlez-vous?

BERTRAND

De ce Joffroy Rudel
Duquel la dernière heure est instante, — duquel
Vous prétendiez aimer l'amour! Oh! il expire!
Hâtez-vous. J'ai promis...

MÉLISSINDE

Mais alors, vous, messire,
Vous, qui donc êtes-vous?

BERTRAND

Bertrand d'Allamanon,
Son frère, son ami... Ho! venez vite!

MÉLISSINDE

Non.

RIDEAU

TROISIÈME ACTE

Même décor qu'au deuxième. Au fond, le vitrail est ouvert. C'est l'après-midi éclatante et brûlante. Les dalles sont jonchées, non plus de lys, mais de roses rouges.

SCÈNE PREMIÈRE

BERTRAND, SORISMONDE

SORISMONDE

J'ai dit que vous vouliez, à tout prix, la revoir.
Elle hésite. Va-t-elle ou non vous recevoir?
Espérez!

BERTRAND

　　Mais le temps presse!

SORISMONDE, hochant la tête, en remontant vers le vitrail.

　　　　Quelle aventure!

(Elle regarde.)

BERTRAND, d'une voix sourde.

La voile?...

SORISMONDE

　　Elle est toujours blanche dans la mâture.
— Tiens, voici sur le port que, dans un deuil profond,
Les gens du Chevalier aux Armes Vertes font
Tous leurs préparatifs de départ. Leur galère
De ses rames, déjà, bat lourdement l'eau claire.
Ah! lorsque dans Byzance arrivera la nef,
Portant le chevalier, corps sanglant et sans chef,
Au récit que feront ses janissaires mornes,
La colère de l'Empereur sera sans bornes!

BERTRAND, perdu en rêverie.

Comme ils se sont faits durs, soudain, ses yeux si doux!
Et ce brusque refus, pourquoi?

(A Sorismonde.)

　　　　Que croyez-vous?

5.

SORISMONDE, avec un geste vague.

Ah !...

BERTRAND

Pourquoi ce refus?

SORISMONDE, voyant s'ouvrir la porte d'or.

Elle !

BERTRAND

Je vous en prie,

Dites-lui bien...

SORISMONDE, le faisant sortir.

Entrez dans cette galerie.

(Mélissinde apparaît, et lentement, toute soupirante, descend l'escalier.)

SCÈNE II

MÉLISSINDE, SORISMONDE

MÉLISSINDE

Sorismonde, ma fille, approche, écoute ici...
Qu'est-ce que tu peux bien penser de tout ceci ?

SORISMONDE, avec un geste vague.

Ah !...

MÉLISSINDE

Pourquoi ce refus, cette subite rage ?
C'était l'énervement, n'est-ce pas, de l'orage ?
Mais j'ai brûlé le cierge et j'ai dit l'oraison.
Ce refus, n'est-ce pas, n'avait pas de raison ?
Semblait-il de l'humeur, semblait-il la rancune
D'une déception ? Non, n'est-ce pas, d'aucune ?
Ce refus n'avait pas de raison, n'est-ce pas ?

SORISMONDE

Vous savez bien qu'il en avait une.

MÉLISSINDE, effrayée.

Plus bas !

SORISMONDE, souriant, après un temps.

Rassurez-vous. Voici celle que je devine :
Celui qui vous fut cher dans la splendeur divine
D'un rêve, vous avez un recul naturel
Au penser de le voir affreusement réel,
Quand ses yeux sont hagards, violettes ses lèvres,
Moites ses maigres mains, de la moiteur des fièvres.
Vous avez donc voulu, gardant pour l'avenir
De votre noble amour un noble souvenir,
Ignorer quel objet funeste on enlinceule.

MÉLISSINDE, vivement.

Ah ! merci ! — C'est bien là la raison, c'est la seule !
Oui, la seule raison pourquoi j'ai dit ce non.
— Et l'on peut faire entrer sire d'Allamanon.

SORISMONDE, souriant.

Puisque vous refusez, à quoi bon ?

MÉLISSINDE

Je refuse...
Mais de sa lâcheté mon âme est trop confuse.
Je dois donner encor cette chance au mourant
D'entendre, en sa faveur, plaider sire Bertrand.

SORISMONDE

Vous le devez !...

MÉLISSINDE

Aux soins de mon rêve égoïste
Il pourra m'arracher, peut-être, s'il insiste.

(Sorismonde va à la galerie et fait un signe. — Bertrand apparaît. Sorismonde
sort.)

SCÈNE III

BERTRAND, MÉLISSINDE

BERTRAND

Oh ! merci de m'avoir permis de vous revoir !
Insister, insister encor, c'est mon devoir,
Puisque la voile est blanche et que Rudel respire.

MÉLISSINDE, assise parmi les coussins, avec nonchalance.

Peut-être n'est-il pas si mal qu'on veut le dire.

BERTRAND

Ne parlez pas ainsi. Ces instants accordés
Le sont pour me laisser vous convaincre.

MÉLISSINDE

Plaidez.

BERTRAND

Oh, tout à l'heure, là, je suis resté stupide !...
La claire vision avait fui, si rapide,
Elle m'avait jeté ce non si méchamment
— Elle qui m'était bonne à ce même moment —
Que je me serais cru leurré d'un songe presque,
Si, dans l'air, une odeur langoureuse et moresque,
Témoignage léger par vos voiles laissé,
Pareille à cette odeur qui lorsque avait passé
Cléopâtre, devait longtemps embaumer Tarse,
N'eût encore flotté, sublimement éparse !...

MÉLISSINDE, souriant et lui tendant son poignet auquel pendent
des boîtes à parfums.

Ce parfum est-il ce parfum oriental,
Cet ambre auquel s'ajoute un soupçon de santal,
Et que je porte au bras dans ces toutes petites
Cassolettes d'or fin ?

(Bertrand s'agenouille et baise la main.)

Est-il celui-là, — dites ?

BERTRAND, d'une voix un peu altérée.

Lui-même auquel s'ajoute infiniment de vous !

MÉLISSINDE, au moment où il veut se relever.

Puisque vous m'implorez, demeurez à genoux.

BERTRAND, à genoux.

Ce qu'est Rudel, comment, moi, vil, le faire entendre ?
Ah ! ce grand esprit doux, cette âme triste et tendre,
Et son amour pour vous, ce merveilleux roman,
Suis-je digne de vous en parler ?

MÉLISSINDE

Parlez-m'en.
— Vous l'aimez donc beaucoup?

BERTRAND

Je l'admire et je l'aime.
Quand il arriva dans Aigues-Mortes, si blême,
Et déjà condamné par son vieux mire, quand
Je sus que vers la mort certaine s'embarquant,
Ce mourant amoureux d'une reine inconnue
N'avait qu'un but : ne pas mourir sans l'avoir vue,
Une admiration soudaine m'enflamma,
J'allai le voir...

MÉLISSINDE, vivement.

Et tout de suite, il vous aima?

BERTRAND

Je l'aimai tout de suite, et j'entrai dans son rêve ;
Je devins son ami, son frère, son élève ;
On blâma son idée, — on n'y comprenait rien ! —
Alors, moi, je voulus le suivre...

MÉLISSINDE

Oh, ce fut bien !

BERTRAND

Clémente, tout d'abord, nous fut la traversée,
Et, tandis que vers vous voguait la nef bercée,
Il me faisait, du matin rose au couchant roux,
Répéter les beaux vers qu'il composait pour vous.

MÉLISSINDE

Vous deviez bien les dire avec votre voix chaude !

BERTRAND

Roland fut amoureux, certes, de la belle Aude,
Tristan le fut d'Iseult, et Flor de Blanchefior,
Mais Rudel le fut plus de Mélissinde encor !
Rudel poussa l'amour aux dernières outrances !
Ah; ses plaintes, ses pleurs, ses prières, ses transes,
La nuit, quand je restais à veiller près de lui !

MÉLISSINDE

C'était donc toujours vous qui le veilliez la nuit?

BERTRAND, debout, avec lyrisme.

Le voyage, comment, femme, te le décrire,
De cet agonisant cinglant vers ton sourire?
Oh! nous crûmes bientôt, tant la nef fit de bonds,
Que nous serions sur mer d'éternels vagabonds !
Notre coque craquait, vagues, à votre attaque,
Et l'on eût dit la nef du propre roi d'Ithaque!
Mais le mourant vivait, soutenu par sa foi,
Et son rêve gagnait les autres, après moi.
Parfois une éclaircie. Alors, un port nous tente.
Quelque île blonde, au loin, nous sourit, invitante ;
On voudrait l'y descendre un peu parmi les fleurs ;
Il refuse ; et bientôt sous les rudes souffleurs
La nef repart ! Mais tout à coup le vent s'accoise :
On rame !... et l'on rencontre une barque turquoise !...
On se bat, on la coule, on passe ; on rame ! Enfin
A tant de maux soufferts vient s'ajouter la faim ;
Nos hommes ne sont plus que des spectres étranges ;
Nos mâts sont des tronçons ; nos voiles sont des franges;
Plus d'espoir; Rudel meurt; soudain : Terre! Ah, songez!...

MÉLISSINDE, frémissante.

Ah, je songe que tu courus tous ces dangers!

BERTRAND, surpris,

Moi ?

MÉLISSINDE, vivement essayant de se reprendre.

Toi. Pour lui, -- pour lui — permets donc que j'en sente
La beauté, que j'en sois, pour lui, reconnaissante !...

BERTRAND

Madame !...

MÉLISSINDE

Peux-tu donc être modeste au point
De vouloir que ton cœur ne s'aperçoive point?
Tu fus un chevalier loyal, un ami rare...

Et je vais, ma galère, ordonner qu'on la pare...
... Je viens... je viens...
(Mouvement de Bertrand.)

Mais plus une parole!... Oh! Dieu!
(Elle sort, dans le trouble, précipitamment.)

SCÈNE IV

BERTRAND, puis SQUARCIAFICO

BERTRAND

Elle vient. — Ce refus n'était qu'un cruel jeu!...
Ah, serait-ce que même à ceux que la mort presse
Elles veulent rester féminines? Serait-ce
Qu'il faut même apporter, barbare selon l'art,
Au bonheur d'un mourant quelque habile retard?
(Se tournant vers la fenêtre.)
Pauvre ami, qui l'attends comme on attend un ange,
Tu mourras donc heureux, Joffroy Rudel!

SQUARCIAFICO, qui est entré sur ces mots.

Qu'entends-je?

Joffroy Rudel, ce n'est pas vous?

BERTRAND
Moi?

SQUARCIAFICO
Diavolo!
Mais tous mes beaux espoirs, alors, sont à vau-l'eau!

BERTRAND
Vos espoirs?

SQUARCIAFICO
Oui, voyant ta fière tête brune,
Je m'étais dit : c'est lui! Nous tenons la fortune!

BERTRAND
La fortune?

SQUARCIAFICO

Mais oui. Je m'étais dit : voilà
Ce poète de qui l'amour nous affola !
Il arrive en vainqueur, se fait un jeu d'occire
L'affreux gardien : on va l'épouser, ce beau sire !

BERTRAND

Hein ?

SQUARCIAFICO

Et c'était parfait !... Manuel et les siens
Détestent les Génois et les Vénitiens.
Ah ! s'ils régnaient, les temps seraient durs pour les nôtres !
Pourtant, que voulons-nous ? Peu de chose, nous autres !
Qu'on laisse notre ville aller comme elle allait !
Un poète, c'était le roi qu'il nous fallait !
Nous nous serions chacun occupés, dans nos sphères ;
Il aurait fait des vers ; nous autres les affaires.
C'était parfait ! Sur le trône, deux amoureux !
On se serait chargé de gouverner pour eux.
Ils n'auraient pas, feignant un zèle qui redouble,
Voulu nous empêcher...

BERTRAND

De pêcher en eau trouble.

SQUARCIAFIÇO

Oui, de... Mais non, voyons, tu me comprends !

BERTRAND

Très bien.

SQUARCIAFICO

Rudel meurt. Ce voyage alors ne sert à rien !

BERTRAND

A rien ! — Noble aventure, élan d'une grande âme,
Vous auriez dû servir à quelque chose !

SQUARCIAFICO

Dame !

BERTRAND, à lui-même.

Ils ont compris pourtant, les humbles mariniers !
Mais lui, ce trafiquant, ce dernier des derniers,

Dans sa laide cervelle étroite et mercantile,
Déshonorait l'idée en la rendant utile !
Aussi pur, aussi grand que soit ce que l'on fit,
Il y aura des gens pour y chercher profit !
Peut-on donc tout souiller par un calcul infime ?
— Ah ! que n'entendez-vous ceci, frère Trophime !...

SQUARCIAFICO

Penser que ce maudit Manuel que je hais
Épousera bientôt...

BERTRAND, violemment.

Oh ! pour cela, jamais !

SQUARCIAFICO, à part.

Tiens ! tiens !

BERTRAND

Non, jamais ce barbare, je le jure,
N'étreindra la fragile et rare créature !

SQUARCIAFICO, à part.

Pourrait-on relever notre combinaison ?
(Haut.)
Pauvre Rudel, il meurt plus tôt que de raison !
(Bertrand plongé dans ses réflexions n'a pas l'air d'entendre. — Squarciafico
se rapproche.)
Elle l'eût épousé, certe, aimant les poètes
Et les Francs ; il était les deux, — comme vous êtes ! —
Puis ce fameux voyage était d'un sûr effet,
— Voyage que d'ailleurs, aussi, vous avez fait ! —
Mais il meurt. C'est le sort ! L'homme passe trop vite.
De ce qu'il accomplit jamais il ne profite.
Au moment de toucher la prime, il est mourant,
— L'affaire réussit au second qui la prend.

BERTRAND

Oh ! ce mât ! Si j'allais voir flotter à sa cime
L'affreux signal de mort !..

SQUARCIAFICO, se rapprochant de lui.

Enfant ! enfantissime !
Qui parle pour un autre, et pour un mort, pouvant
— Oh ! si facilement ! — parler pour un vivant !

8

BERTRAND se retourne et le regarde. — Squarciafico recule.

Tu dis?

SQUARCIAFICO

Rien.

BERTRAND, le saisissant à la gorge.

Misérable!

SQUARCIAFICO, se dégageant.

Hé! là! J'admire comme
Vous me remerciez de mes conseils, jeune homme.

BERTRAND

Ah! je t'écraserai!..

SCÈNE V

LES MÊMES, MÉLISSINDE, SORISMONDE, LES FEMMES
DE MÉLISSINDE portant son manteau, son diadème et son sceptre.

MÉLISSINDE

Quel est ce bruit?

BERTRAND, à Squarciafico.

Serpent!

SQUARCIAFICO

Serpent! soit! — Mais qui veut m'écraser s'en repent!

BERTRAND

De ta vile piqûre au talon, je n'ai cure!

SQUARCIAFICO

Je la ferai peut-être au cœur, cette piqûre!

MÉLISSINDE, s'avançant frémissante.

Mon hôte menacé par toi, fourbe éhonté!
Sois donc avant demain sorti de ma comté!
Et si dans Tripoli tu te trouves encore
A l'aube, tu seras mis en croix à l'aurore!

SQUARCIAFICO

Banni!... Mais c'est la ruine!
(A Bertrand.)

Et pour toi! — Tu verras!...
Je saurai me venger!
(En sortant.)

Ces Français, quels ingrats!

MÉLISSINDE, à Bertrand.

Vous voyez, j'ai banni cet homme pour vous plaire.

BERTRAND

Cet homme avait, cet homme...

MÉLISSINDE

Il vous mit en colère.
Cela suffit. Mais nous partons dans un instant.
Descendez et voyez si ma galère attend,
Si mes nochers... Allez...
(Bertrand la regarde un moment comme égaré, puis sort brusquement.)

SCÈNE VI

MÉLISSINDE, SORISMONDE, LES FEMMES un moment.

MÉLISSINDE, à Sorismonde, nerveuse.

Donne mon diadème!
Ne m'ayant jamais vue, oh, bien sûr, ce qu'il aime,
C'est la Princesse, en moi! — Par conséquent je dois
Apparaître en Princesse, avec mon sceptre aux doigts! —
Donne mon sceptre! — Hélas! je me soutiens à peine! —
(Elle essaye de mettre son manteau, puis le rend à ses femmes.)
Descendez ce manteau qui m'est une géhenne
Dans la galère... Allez! Allez vite! — Toujours
Plus lourds, ces cabochons, ces ors, toujours plus lourds!—
Au moment d'arriver, je reprendrai ces pierres!
(Les femmes sortent emportant tous les insignes. A Sorismonde.)
Crois-tu qu'il me faudra lui fermer les paupières?

SORISMONDE

Ce spectacle à vos nerfs émus sera malsain.
Envoyez votre prêtre ou votre médecin!

MÉLISSINDE

Ah! les façons d'arranger tout sont désinvoltes!...
C'est vrai que cependant j'ai d'obscures révoltes
A m'en aller vers lui, blème, prêt au tombeau,
Au lieu de garder l'autre ici, vivant et beau!

SORISMONDE

Défaites donc un lien chimérique, madame!
Restez et reprenez votre liberté d'âme!
Puisque vous aimez l'autre, — eh! qui vous interdit?...

MÉLISSINDE

J'aime l'autre? — Ah! c'est vrai, c'est vrai, je te l'ai dit!

SORISMONDE

Cet amour vous désole. Et moi, j'en suis ravie,
Car vous sortez du rêve et rentrez dans la vie!

MÉLISSINDE

Hélas! la sœur des lys en est-elle donc là,
Pour le premier qui, jeune et viril, lui parla?...

SORISMONDE

La nature, madame, a de telles revanches!

MÉLISSINDE

Parce que j'ai tenu ses mains mâles et blanches
Qui, froides, ont repris, dans mes mains, leur chaleur...

SORISMONDE

Et parce que son front était beau de pâleur...

MÉLISSINDE

Et parce que son souffle!... Oh! non, pas pour ces choses!
Mais parce que d'abord je l'ai pris pour... Tu l'oses
Soutenir à toi-même, ô folle! Comme si
Ce n'était pas l'amour qui t'abusait ainsi?
Oui, sitôt qu'il nomma de sa voix grave et tendre
Celui que j'espérais sans plus oser l'attendre,
Mon cœur, impatient d'un prétexte à saisir,
Désira qu'il le fût, et crut à son désir!

SORISMONDE

C'est clair.

MÉLISSINDE

Que j'eusse appris jadis avec ivresse
Que mon rêveur tentait de joindre sa princesse!
Et maintenant il vient, ce prince malheureux,
Il vient, et les dangers qu'il encourt sont affreux,
Il vient, et meurt d'avoir voulu venir, et celle
Qu'il réclame en mourant, doute, hésite, chancelle,
Et douloureusement cherche à se dégager,
Parce qu'il a trop bien choisi le messager!

SORISMONDE

Eh, oui!...

MÉLISSINDE

Trop bien choisi! Comprends-tu, Sorismonde,
Pourquoi, si brun, il a parfois la voix si blonde,
Et si fier, dans son œil timide et triomphant,
L'irrésolution charmante d'un enfant?
— Qu'à frapper l'orgueilleuse, Amour, tu fus rapide!

SORISMONDE

Vous aimez. Donc, restez. La raison...

MÉLISSINDE

Est stupide!
La raison est stupide et ne croit qu'au normal,
Et n'admet que le bien tout bien, le mal tout mal!
Ah, il y a pourtant bien des mélanges troubles!
Il y a bien des cœurs désespérément doubles!
Celui dont si longtemps mes rêves furent pleins,
Celui qui meurt pour moi, je l'aime, je le plains,
Et l'autre je l'adore! et ma souffrance est telle
Qu'il me semble, mon âme, entre eux, qu'on l'écartèle!

SORISMONDE

Faites donc sur la nef une apparition,
Et vous pourrez après...

MÉLISSINDE

Conciliation
Que ta raison devait proposer! Ruse indigne!
A ce vil dénouement, que, moi, je me résigne?
Faire mourir Joffroy Rudel entre mes bras
Et revenir avec son ami, n'est-ce pas?

Ah! c'est bien le conseil que doit donner le monde.
Non, pas cela! Rien de médiocre, Sorismonde!
Pas de bonheur au prix d'un compromis commun!
J'ai rêvé d'un amour sublime, j'en veux un :
Si par l'étrangeté mystique il n'est sublime,
Qu'il le soit par l'orgueil partagé d'un grand crime!

SORISMONDE

Qu'allez-vous chercher là d'encore trop subtil?

MÉLISSINDE

S'il se savait aimé, Bertrand, que ferait-il ?

SORISMONDE

Ah, je comprends...

MÉLISSINDE

Voilà ce qui surtout me tente.

SORISMONDE

Vaincre sa loyauté, — peut-être résistante ?

MÉLISSINDE

Eh bien, oui, ce serait un atroce succès.
Mais quelle n'a rêvé de ces cruels essais?
Oui, quelle femme un peu digne du nom de femme?
Qu'on doit l'aimer celui que l'on rendit infâme
Et qu'il faut consoler de ce qu'il fit pour nous !
Hommes, qu'à notre cœur, ce doit donc être doux
De voir humilié pour nous d'une bassesse
Ce misérable honneur dont vous parlez sans cesse !
Quelle ne s'est sentie, ainsi que je me sens,
Le désir d'être la mauvaise aux yeux puissants,
Brisant d'une vertu la marche triomphale,
— La Dalila, pas tout à fait, non, mais l'Omphale ?
Garrotter un héros d'un seul cheveu d'or fin !
Quelle est celle de nous qui ne serait, enfin,
Heureuse de tenir en ses bras un Oreste
Dont le Pylade meurt, qui le sait, — et qui reste !

SCÈNE VII

MÉLISSINDE, BERTRAND

BERTRAND, entrant.

Votre éclatante nef, toute parée, attend,
Et déjà les nochers...

MÉLISSINDE, à elle-même.

Horriblement tentant.

(Sorismonde s'est éloignée et sort.)

BERTRAND

Pourquoi me regarder de ces larges yeux vagues ?
Pourquoi tourmentez-vous avec fièvre vos bagues ?

MÉLISSINDE

Peut-être ai-je un motif qui me rend importun
De vous suivre là-bas...

BERTRAND, vivement.

Vous n'en avez aucun !

MÉLISSINDE

Pourtant, je temporise encore, et je frissonne...
— Et si j'aimais quelqu'un ?

BERTRAND, violemment.

Non, vous n'aimez personne !

MÉLISSINDE

Il a bien dit cela ! — Mais hélas ! c'est ainsi :
J'aime, et c'est l'amour seul qui me retient ici.

BERTRAND, bondissant.

Vous en aimez un autre !...Ah !— Qui ?—Je tuerai l'homme !

MÉLISSINDE

Vous ne le tueriez pas sachant comme il se nomme.

BERTRAND, hors de lui.

Son nom, dites-le moi !

MÉLISSINDE

Faut-il?

BERTRAND

Oui !

MÉLISSINDE, marchant sur lui avec langueur.

Faut-il?

BERTRAND, reculant épouvanté.

Non !

Ne dites pas son nom ! Ne dites pas son nom !
Car si c'est celui-là...

(Tirant son épée.)

Lui, surtout, je le tue !

MÉLISSINDE

Oh ! ne vous frappez pas, puisque je me suis tue !

BERTRAND, laissant tomber son épée.

Je suis un chevalier déloyal.

MÉLISSINDE

Votre honneur

Est sauf.

BERTRAND

Non ! — Car je viens d'éprouver du bonheur !

MÉLISSINDE

Ah, je suis fière alors de votre félonie !

BERTRAND

Mais je ne peux pas être un voleur d'agonie !
Va vers le malheureux ; ton cœur n'est pas mauvais !

MÉLISSINDE

Et c'est pourquoi je n'y vais pas. Car si j'y vais !...
Je tremble que mon cœur s'attendrisse et se laisse
Reprendre à quelque idée absurde de noblesse !
Pourrai-je devant lui me défendre d'émoi?
Je l'ai longtemps aimé, Bertrand, comprenez-moi...
Il était, — je le sens, hélas ! et j'en soupire ! —
Mon âme la meilleure, et vous êtes la pire !
Pour pouvoir être à vous, à toi, je ne veux pas

Voir les yeux de Rudel ! Je n'irai pas là-bas !
A moins que maintenant vous n'insistiez encore !

BERTRAND

Ah, que sais-je ?... Je veux... Rudel... Je vous adore !
— Non, détourne de moi ce regard de langueur !...
Ce vitrail ouvert là, sur la mer, me fait peur.

MÉLISSINDE court au vitrail, le ferme brusquement et s'y adosse.

Eh bien, il est fermé !... Là, je t'ai, je te garde.
Fermé, te dis-je, et plus jamais on n'y regarde !
Ignorons ! N'est-on pas très bien dans ce palais ?..
(Elle descend vers lui.)
Il y a des parfums dans l'air, respirons-les !
De ce palais jamais, jamais plus tu ne bouges.
Tu vois, on a jonché de chaudes roses rouges
Le sol fleurdelisé ce matin de lys froids.
— Le vitrail est fermé, te dis-je, plus d'effrois ! —
J'ai renié la pâle fleur des songeries
Pour la fleur amoureuse; il faut que tu souries !
Va, nous ne saurons rien, et comment saurions-nous ?
Nous n'interrogerons personne. A mes genoux
Tu vivras. Rien n'est vrai d'ailleurs que notre étreinte.
Quel remords aurions-nous, et quel sujet de crainte ?
Qui donc nous a parlé d'une nef, d'un Rudel ?
Personne ! Rien, sinon notre amour n'est réel !
Derrière ce vitrail, la rive d'or s'échancre
D'un golfe bleu, tout bleu, sans une nef à l'ancre !
Un jour, dans bien longtemps, quand nous le rouvrirons,
Ce vitrail, de nos peurs absurdes nous rirons,
Car nous ne verrons rien ! Et quelle est cette histoire,
D'une voile qu'on doit hisser d'étoffe noire ?
C'est un conte, Bertrand ! — Le vitrail est fermé ! —
Ne pense à rien, ne pense à rien, mon bien-aimé !
Et pourquoi supposer quelque chose d'horrible
Derrière ce vitrail ? Il n'a pas l'air terrible.
Tu vois, il rit, avec de l'or et de l'émail...

BERTRAND

Vous ne pouvez que me parler de ce vitrail.

MÉLISSINDE

Mais c'est faux. Je ne peux vous parler. — Oh! je t'aime.
Je ne veux te parler que de toi, de moi-même...
Comme à ton large col cette agrafe est d'un bel
Effet. Qui t'a donné cela?

BERTRAND

Joffroy Rudel.

MÉLISSINDE

Eh bien! quoi! tu n'as qu'à l'arracher!...

BERTRAND

O mon frère,

C'est avec tes joyaux que j'ai plu!

MÉLISSINDE

Pour me plaire,

Tu n'avais qu'à venir dans ton justaucorps brun
Souillé, troué, sentant la bataille et l'embrun,
Avec ton air de jeune aventurier farouche,
Et ton col aurait eu pour agrafe ma bouche.
Ne te recule pas. Donne tes yeux charmants.
Quand ton regard me fuit, tu sais bien que tu mens.
Tu sais bien...

BERTRAND

Je sais bien que ta voix me pénètre...

(La fenêtre s'ouvre brusquement comme sous une rafale.)

MÉLISSINDE

Ah! le vent de la mer a rouvert la fenêtre!...

BERTRAND

La fenêtre est rouverte.

MÉLISSINDE

Allez la fermer!

BERTRAND

Non!

J'aurais trop peur de voir la voile à l'horizon!

MÉLISSINDE

On détourne les yeux, et puis on ferme vite.

BERTRAND

Non! je regarderais, je le sens!

MÉLISSINDE, *se levant pour aller à la fenêtre en rasant le mur.*

On évite
De se trouver en face... et l'on approche, ainsi!...

*(Au moment d'arriver, elle hésite, n'ose pas la fermer, recule à pas lents, tou-
jours rasant le mur, et vient tomber à côté de Bertrand, sur le divan.)*

Eh bien! restons ici!... l'on ne voit rien d'ici;
Ensevelissons-nous dans notre amour profonde,
Et faisons comme tous les heureux de ce monde!

BERTRAND

Ah! que dis-tu?

MÉLISSINDE

Je dis que ceux qui sont heureux
Ont tous cette fenêtre ouverte derrière eux,
Et sentent tous, au froid qui leur souffle sur l'âme,
Qu'ouverte derrière eux la Fenêtre réclame!
Mais tous restent blottis, refusent d'aller voir :
Car ils verraient la nef d'un douloureux devoir,
Les appelant loin du bonheur qui les accroche,
Ou bien, s'il est trop tard, ils verraient le reproche
De tes plis noirs flottant obstinément, remords!
Aussi, dans leurs coussins blottis, ils font les morts;
Tous, ils veulent garder le cher bonheur, le rêve
Qu'un seul regard jeté par la fenêtre enlève,
Tous veulent ignorer s'ils sont des assassins!...
Faisons comme eux : restons dans les lâches coussins!

(Elle l'enlace et se renverse avec lui dans les coussins.)

BERTRAND

Oui, restons. Mais hélas, hélas, ò pauvre femme,
Le pouvons-nous? Hélas, ai-je l'âme, as-tu l'âme
Qu'il faudrait pour cela, pour être heureux ainsi?
Ah! nous ne sommes pas de ces gens-là!

MÉLISSINDE

Mais si!

Je t'aime!

(On entend un tumulte joyeux monter par la fenêtre.)

BERTRAND, tressaillant.

Qu'est cela?

MÉLISSINDE

Mais, rien, rien, les tapages
Sur la terrasse, là, des valets et des pages.

DES VOIX, au dehors.

Un... trois... huit!

MÉLISSINDE

Ce n'est rien, te dis-je, écoute-les.
Ils viennent là, souvent, jouer aux osselets.

LES VOIX

Tra la î! — Qu'il fait beau!

BERTRAND

Mélissinde, je t'aime!
Quelle fée a prévu dans ton nom de baptême,
Dis, les cheveux de miel, et tes lèvres de miel?

LES VOIX

La mer est belle!... — Oh! Oh! regardez!

BERTRAND, tressaillant.

Juste ciel!

Quoi? Que regarde-t-on?

MÉLISSINDE

Mais, au loin, quelque chose!

UNE VOIX

Voyez-vous cette nef?

BERTRAND

C'est de la nef qu'on cause !

MÉLISSINDE

Eh bien, n'écoute pas !

BERTRAND

Je ne peux pas. Ces voix...

MÉLISSINDE

Moi, je n'écoute rien !... Ah ! qu'ont-ils dit?

BERTRAND, avec un geste découragé.

Tu vois !

MÉLISSINDE

Il n'est pas qu'une nef ! Pourquoi donc aller croire?

UNE VOIX

Oui, regardez, ils ont hissé la voile noire !

(Mouvement de Mélissinde et de Bertrand.)

UNE VOIX

Je descends jusqu'au port ! — Les autres, venez-vous?

(Bruit de voix et de pas qui s'éloignent. Bertrand et Mélissinde, sans oser plus se regarder, se séparent, lentement. Un très long silence.)

MÉLISSINDE, enfin, d'une voix à peine saisissable.

Eh bien?

BERTRAND

Eh bien ! quoi?... rien !...

(Il prend machinalement l'écharpe de Mélissinde restée sur les coussins et la respire.)

Ce parfum est très doux.
Que me disiez-vous donc que c'était, tout à l'heure?...

MÉLISSINDE

Oui... je... De l'ambre.

7

BERTRAND

Votre écharpe... Je l'effleure
Des lèvres; votre écharpe...

(S'abattant comme une masse avec des cris terribles et des sanglots.)

Ho! ho! ho!... C'est fini!
Mort!.. Il est mort! lui mort! mon frère! mon ami!
C'est fini! Qu'ai-je fait? Sans le bonheur suprême
Qu'il rêvait! Qu'ai-je fait? Qu'avez-vous fait vous-même?

MÉLISSINDE

C'est affreux. Mais du moins, maintenant, je vous ai.

BERTRAND

Oui, vous avez un traître, oh! le digne épousé!

MÉLISSINDE

Mais traître par amour, n'est-il pas beau de l'être?

BERTRAND

Ah! je n'ai même pas la beauté d'un grand traître!
Je suis, non le héros de qui le crime est fier,
Mais l'enfant qu'amollit chaque douceur de l'air,
Le faible cœur dont l'existence à la dérive
N'est qu'une trahison incessante et naïve!
Mais me faire trahir, c'est trop facile, moi!
J'appartiens tout entier au plus récent émoi.
Oui, je fus ce matin héroïquement brave,
Et puis, voilà!... pour un parfum, je suis esclave!
Le moment me possède! Oh! je me connais bien.
Vous m'avez, dites-vous? M'avoir, c'est n'avoir rien!
C'est avoir un jouet de la brise, un poète
Instable, une eau fuyante où l'heure se reflète!

MÉLISSINDE

Bertrand, vos remords vous égarent...

BERTRAND

Mes remords
Prouvent que je ne suis pas même de ces forts

Qui, le crime achevé, s'en font une noblesse!
Mes remords, c'est encore et toujours ma faiblesse!
Mais je suis le dernier des misérables, mais
Soit en bien, soit en mal, je n'achève jamais!
Oui, j'ai de beaux élans; je promets; ma voix vibre;
Mais de persévérer, je ne suis jamais libre!
— Oh! ce long dévouement pour trahir à la fin!
Ce crime, pour après s'en repentir en vain!

MÉLISSINDE

Bertrand...

BERTRAND

          Ah! puisses-tu, souffrant de ta méprise,
Me mépriser autant que, moi, je me méprise,
O toi, qui par ton art circéen et subtil
M'as perdu, qui pour un caprice...

MÉLISSINDE, atterrée.

          Que dit-il?
N'a-t-il vu qu'une femme en moi, qui s'est offerte?
Et n'a-t-il pas au crime, au remords, à la perte
De l'honneur, aperçu de compensation
Dans une entière et très altière passion?
Seule je suivais donc mon rêve grandiose?...
— Et nous fîmes, voilà pourquoi, l'horrible chose!

BERTRAND, hors de lui.

Oui, c'est elle qui m'a perdu, c'est elle!...
(Tombant à genoux et pleurant)
          Non,
Je n'ai pas dit cela! Ho! pardonne! Oh! pardon!
Après ce que j'ai fait, j'ai besoin de tes lèvres!
C'est impossible, après cela, que tu m'en sèvres!
Il faut à mes remords tes cheveux pour linceul.
Je ne veux plus, je ne peux plus demeurer seul.

MÉLISSINDE

Non, trop tard! Laissez-moi! Quels sentiments infîmes!
— Voilà pourquoi, la chose horrible, nous la fîmes! —

Mais puis-je t'accabler, malheureux, quand sur moi
Je suis déçue, hélas, encor plus que sur toi!
Que l'oubli dans tes bras était donc peu suprême,
Et comme je restais divisée en moi-même!
Hélas! grande inquiète, ô mon âme, où, comment,
Connaîtras-tu jamais l'entier rassasiement?
Éternelle assoiffée, affamée immortelle,
Le pain, où donc est-il? La source, où donc est-elle?

BERTRAND

Tout est fini.

MÉLISSINDE

 Fini.

BERTRAND

  Mélissinde...

MÉLISSINDE

    Bertrand...

BERTRAND

Et penser ce qu'il a dû souffrir en mourant!

MÉLISSINDE, allant vers la fenêtre.

Grâce, cher mort trahi, ne prends pas de revanche.
J'irai chercher ton corps...
 (Avéc un grand cri.)
    Bertrand! la voile est blanche!

BERTRAND

Dieu!

MÉLISSINDE

 Mais on a parlé...

BERTRAND, qui a couru au vitrail.

    De la voile de deuil
De ce vaisseau qui fuit, emportant le cercueil
Du Chevalier aux Armes Vertes à Byzance!
Oh! mais à notre nef qui, là-bas, se balance,
La voile est blanche encor!

MÉLISSINDE

Blanche sur le ciel bleu!
Blanche comme un espoir de pardon! Oh! mon Dieu,
Prolongez la blancheur encor de cette voile,
Car cette voile blanche est ma suprême étoile!
Devoir dont vainement on étouffe l'appel,
Je viens vers toi! Je viens vers toi, Joffroy Rudel!
Oui, je viens! Et tu m'es à cette heure dernière
Plus cher de tout le mal que j'ai failli te faire!

(Elle sort.)

RIDEAU

QUATRIÈME ACTE

Même décor qu'au premier acte. Jour de rose et d'or qui précède le coucher du soleil. — Joffroy Rudel, à la même place, sur son grabat, au fond. Plus livide que le matin, les yeux toujours fixés sur la terre, complètement immobile. A côté de lui, l'observant, maître Erasme. Agenouillé, la tête enfouie dans ses mains, au pied du grabat, frère Trophime. A droite, à gauche, les mariniers très exaltés contre Squarciafico, qui, les bras croisés, debout au milieu la scène, tourné, tête nue, vers Joffroy Rudel, achève de parler. Murmure violent. Le pilote retient les mariniers qui veulent se jeter sur lui.

SCÈNE PREMIÈRE

JOFFROY RUDEL, FRÈRE TROPHIME, ÉRASME, SQUAR-
CIAFICO, LES MARINIERS : BRUNO, BISTAGNE, MAR
RIAS, PÉGOFAT, TROBALDO, FRANÇOIS, ETC.

SQUARCIAFICO
Voilà ce que j'avais à vous dire!... Elle l'aime,
Il l'aime!... Et leur retard s'explique de lui-même!

LES MARINIERS
Assez! — Bâillonnez-le!
(Joffroy Rudel ne détourne pas les yeux de la terre — et pas un muscle ne tressaille sur son visage.)

LE PATRON, aux mariniers.
Laissez-le parler!

LES MARINIERS
Chut!
Le lâche! — Il veut tuer le prince! — Dans quel but?...

SQUARCIAFICO, parlant au Prince.
Oui, votre ami Bertrand...

PÉGOFAT
Tu mens!

SQUARCIAFICO

Non! ... Princesse...

BRUNO

La Princesse! jamais!

FRANÇOIS

C'est faux!

LE PATRON

Mais qu'on le laisse

Parler!
<small>Joffroy Rudel n'a pas tressailli, et ses yeux regardent toujours au loin.)</small>

SQUARCIAFICO, plus fort.

Donc le félon...

BISTAGNE

C'est toi!

SQUARCIAFICO

Mais ils sont fous!
Oui, là-bas, elle et lui, Prince! m'entendez-vous?
Tandis que votre cœur s'obstine à les attendre...

ÉRASME

Le prince ne peut plus, messire, vous entendre.

SQUARCIAFICO

Ah! ce serait pourtant un supplice bien grand,
Pour l'autre, de savoir que le prince, en mourant,
A tout su; ce serait le supplice le pire!

ÉRASME

Le prince ne peut rien entendre, ni rien dire.
Il ne garde de vie encor que dans les yeux.

SQUARCIAFICO

Oh! mais il faut qu'il sache!...

ÉRASME

Il n'entend plus.

FRÈRE TROPHIME, levant le regard au ciel.

Tant mieux!

SQUARCIAFICO, au patron.

O rage! —Vous, du moins, si l'hypocrite fourbe
Ose ici revenir, et s'il pleure, et s'il courbe
Faussement le genou devant le mort trahi,
Dites-lui que Rudel l'a méprisé, haï,
Maudit, et qu'il a pu, quand j'ai parlé, m'entendre!

LE PATRON, aux mariniers, montrant Squarciafico.

Je vous livre cet homme, et vous pouvez le pendre.

SQUARCIAFICO

Comment?

LES MARINIERS

A mort! Menteur! Blasphémateur!

PÉGOFAT

Jamais

La Princesse n'eût fait cela!

SQUARCIAFICO

Mais...

BRUNO

Pas de mais!
Nous n'admettrons jamais qu'on touche à la Princesse.

FRANÇOIS

Elle viendra!

BISTAGNE

C'est sûr!

TROBALDO

On en a la promesse

De messire Bertrand!

SQUARCIAFICO

Écoutez... puis après...

PÉGOFAT

Ah! vous devez avoir de fameux intérêts
A faire ce mensonge!

SQUARCIAFICO

Oh! mais quelles cervelles!

BRUNO

Ah! tu viens apporter des mauvaises nouvelles?

SQUARCIAFICO

Mais...

MARRIAS

Tu viens arracher aux malheureux l'espoir?

SQUARCIAFICO

Mais...

FRANÇOIS

Tu viens dire à ceux qui vivent pour la voir,
Qu'ils ne la verront pas?...

SQUARCIAFICO
Mais...

PÉGOFAT

Ta malice couvre
De bave notre idole à tous!

SQUARCIAFICO
Mais je vous ouvre
Les yeux!

TROBALDO

Si nous voulons les garder fermés, nous!

SQUARCIAFICO

Vous êtes fous!

JUAN

Et si nous voulons être fous!

FRANÇOIS

Ah! tu veux nous ôter la Princesse lointaine!
C'est bon, c'est bon, on va te suspendre à l'antenne!

PÉGOFAT

Non! lui hacher le col!

BRUNO

Non! des supplices lents!

FRANÇOIS

Nous leur coupons le pied, nous autres, Catalans!

SQUARCIAFICO

Oh! oh!

BISTAGNE

Arrachons-lui la langue!

SQUARCIAFICO, d'une voix mourante

Ah!

TROBALDO

Les narines!

SQUARCIAFICO

Non!

PÉGOFAT

Faisons-lui comme on leur fait dans les marines
Du Nord! — Clouons au mât sa main, en y plantant
Un couteau bien tranchant, dans la paume, au milan;
Puis, lui-même, il devra, sous le fouet, sans coup brusque,
Retirant doucement sa main, se l'ouvrir jusque
Vers l'entre-deux des doigts!

SQUARCIAFICO

Moi, ma main? — Non, pitié!

PÉGOFAT, tranquillement.

Quelquefois on en laisse au mât une moitié.

SQUARCIAFICO, se débattant.

Mais je suis citoyen de Gêne!
(Tous les mariniers s'écartent de lui.)

BRUNO

Hein?

FRANÇOIS

Oh!

BISTAGNE

Ah!

TROBALDO

Diable!

PÉGOFAT

Qu'allions-nous faire là, nous, d'irrémédiable?
... Messire est citoyen de Gêne!
(Tous s'inclinent devant Squarciafico.)

SQUARCIAFICO, rassuré et gouailleur.

Ah! ah!

(Promenant un regard assuré autour de lui

Génois!...

(Tous saluent de nouveau.

BRUNO, se relevant.

Alors!...

(Changeant brusquement de ton et empoignant Squarciafico au collet.

Je m'en soucie autant que d'une noix.

SQUARCIAFICO, ahuri.

Hein?

FRANÇOIS, le poussant vers le plat bord pour le précipiter.

A l'eau donc, Génois, et nage jusqu'à Gêne!

SQUARCIAFICO

Au secours!

FRÈRE TROPHIME, accouru.

Non! C'est suffisant!

PÉGOFAT

Prière vaine!
Il peut nager, il n'est pas cousu dans un sac!

SQUARCIAFICO, se cramponnant au bord.

J'ai de l'argent...

LES MARINIERS

A l'eau!

SQUARCIAFICO

J'ai de l'or... Je vous...

MARRIAS

Flac!...

(On le jette à l'eau.)

FRÈRE TROPHIME

Qu'avez-vous fait?

BRUNO

Noyé, dans la fleur de son âge.

FRANÇOIS, à frère Trophime.

Laissez! C'est un méchant! Il sait nager!...

LA VOIX DE SQUARCIAFICO, railleuse au dehors.

> Je nage!

BISTAGNE

Eh bien! attends!
(Il prend un arc, le bande, et vise.)

FRÈRE TROPHIME

Non! non!

LES MARINIERS

> Si!... Vise bien!

(Tout le monde est porté à droite et penché pour suivre des yeux Squarciafico. Érasme seul est resté à côté de Joffroy Rudel qui n'a pas paru soupçonner cette scène.)

ÉRASME

> Holà!

Le Prince! Regardez! Je ne sais ce qu'il a!
(Tout le monde se retourne et l'on voit Joffroy Rudel, dont la main s'est lentement soulevée et montre au loin quelque chose.)

FRÈRE TROPHIME

Il a vu quelque chose!

PÉGOFAT

> Il montre quelque chose!

BRUNO

Oh! mais il a raison! Voyez-là-bas! C'est rose!
C'est doré! Cela vient!

FRANÇOIS

> Oh! mais il a raison!

On voit venir sur l'eau toute une floraison.
(Une bouffée de musique arrive.)

BISTAGNE

Noël! Car le Génois a menti, par cautèle!
On n'en peut plus douter!... Des musiques!... C'est Elle!...

PÉGOFAT

Une galère en or qui lance des rayons!

BRUNO, courant comme un fou et bousculant tout le monde.

C'est Elle! Je vous dis que c'est Elle, voyons!
(Les échelles se garnissent de mariniers; ils sont tous debout sur le bastingage ou grimpés dans les vergues et agitant leurs bonnets.)

FRÈRE TROPHIME, tombant à genoux.

Merci de n'avoir pas permis, ô divin Père,
Qu'au moment de mourir cette âme désespère!
(La musique devient plus distincte.)

PÉGOFAT

Elle approche! Voyez les pennonceaux pourprés!

BRUNOT

La voile est de cendal vermeil!

FRANÇOIS

Tous les agrès
Fleuris!

BISTAGNE

Pareille nef en vit-on jamais une!
C'est un petit jardin suspendu que la hune!

TROBALDO

Des violes d'amour! Écoutez!

BRUNO

Regardez!
Jusques aux avirons qui sont enguirlandés!

PÉGOFAT

Si bien que chaque fois qu'ils relèvent leurs pales,
Ils laissent sur les flots des plaques de pétales!

LES MARINIERS

La vois-tu, la Princesse? — Où donc est-elle? — Elle est
Debout, sous l'écarlate en feu du tendelet!

JUAN

Qu'Elle est belle!

LE PATRON

La nef glisse vite et se berce,
Laissant traîner dans l'eau de grands tapis de Perse!

ÉRASME

Des triangles, des luths et des psaltérions.

FRÈRE TROPHIME

La reine de Saba!

8

MARRIAS

Levons les bras ! Crions !

TOUS, agitant leurs bras.

Mélissinde! — Gloire à la Princesse ! — Ho! ho! Vive
La Princesse ! — Noël!

ÉRASME

Qu'est-ce donc qui m'arrive?
Ça me prend à la gorge.
(Il crie.)
Ho! Noël!
(Se retournant vers frère Trophime.)
J'ai crié!

FRÈRE TROPHIME, lui serrant la main.

Et comme à tous, des pleurs dans vos yeux ont brillé!

LE PATRON

La galère, à tribord, va nous être agrafée!
Abattez-moi tout ça, pour qu'elle entre, la fée!
(A coups de hache, ils élargissent l'ouverture du plat bord.)

FRÈRE TROPHIME

Le prince! Son manteau! Vite, il faut le parer!
Transportons-le plus loin, — pour pouvoir préparer
Mélissinde à le voir. Las! car ce pauvre prince
Est effrayant. L'œil est vitreux. Le nez se pince.

LE PATRON

La voilà!

PÉGOFAT

Tous! jetons nos vestes sous ses pas!
(Ils font sur le pont un chemin avec les haillons arrachés de leurs épaules.)

TOUS, à voix étouffées.

Silence! — Rangez-vous! — Elle! — Ne poussez pas! —
A genoux! — Elle! — Chut! — Elle!
(Un grand silence s'est fait. Les violes se sont tues. La galère s'arrête sans bruit
on en voit monter des vapeurs d'encens, et sous le tendelet, Mélissinde paraît. Elle
reste un instant immobile.)

UN MARINIER, dans le silence, dit doucement.

La sainte Vierge!
(Deux esclaves sarrasins s'avancent pour dérouler au-devant de Mélissinde un
riche tapis. Elle les arrête du geste, et d'une voix émue.)

SCÈNE II

LES MÊMES, MÉLISSINDE, SORISMONDE, FEMMES, ENFANTS, ESCLAVES, ETC., puis BERTRAND.

MÉLISSINDE

Non! non! Je veux marcher sur ces haillons de serge!

(Elle avance à pas très lents, regardant avec stupeur autour d'elle. — Les femmes se rangent au fond sans bruit. Les musiciens restent dans la galère. Érasme et Trophime lui cachent Joffroy Rudel qui semble évanoui, les yeux clos.)

MÉLISSINDE, bouleversée de ce qu'elle voit.

Oh! cette nef! Ces gens qui pleurent! — Rêvons-nous? —
Oh! tous ces pauvres gens qui, là, sont à genoux!
Pouvais-je imaginer une misère telle?
(Aux mariniers.)
Oh! mes amis!

PÉGOFAT

C'est Elle qui dit ça, — c'est Elle!

MÉLISSINDE, avançant.

Oh! tous ces malheureux, haillonneux et hagards!
Et je mets de la joie en ces pauvres regards,
Moi? — J'adoucis ces maux! — Comme mon cœur se serre! —
Pouvais-je deviner, même au récit sincère
Que me faisait Bertrand, pouvais-je m'émouvoir?
Oh! tout ce qu'on nous dit... rien, — il faut venir voir! —
(Avec un frisson involontaire.)
Mais lui... Joffroy Rudel?...

FRÈRE TROPHIME

Madame, du courage!
Il faut vous dire, — il est si mal! — et son visage...

MÉLISSINDE

Ah!.. son visage? Eh bien, je vaincrai mon émoi!

FRÈRE TROPHIME, s'écartant et faisant écarter Érasme.

Alors... approchez-vous...

MÉLISSINDE, voyant Rudel.

Ho ! Dieu !

(Elle glisse à genoux avec des sanglots.)

Pour moi..., pour moi !...

(Elle pleure silencieusement... Les yeux de Rudel s'ouvrent, la voient, s'agran-
dissent, s'illuminent, et un sourire vient sur ses lèvres.)

ÉRASME

Regardez !

MÉLISSINDE

Il sourit !... Oh ! ce sourire !... Dire...
Dire que j'aurais pu ne pas voir ce sourire !

FRÈRE TROPHIME

Nous l'avons revêtu de ses habits princiers.
Il n'a pas un instant douté que vous vinssiez.
Il n'entend, ni ne parle. On craignait que sa vue...
Mais c'est lui, le premier de tous, qui vous a vue !

MÉLISSINDE, toujours agenouillée et le regardant.

Pendant l'affreux retard pas un instant douté !...

PÉGOFAT

Non, madame !

BRUNO

Pas plus que nous, en vérité !

MÉLISSINDE

Pas plus que vous ?

LE PATRON

Morbleu, vous autres, bouches closes !

FRANÇOIS, avec force.

Même quand le Génois a raconté des choses !

MÉLISSINDE, terrifiée.

Le Génois ! — Devant lui ?

BERTRAND, qui depuis un moment a paru sur le pont.

L'infâme !... On aurait dû !...

FRÈRE TROPHIME, à Mélissinde.

Il n'a rien entendu.

JOFFROY RUDEL, d'une voix faible.

Si, — j'ai tout entendu.

MÉLISSINDE, joignant les mains.

Ah ! grand Dieu ! Qu'avez-vous pu penser?... Quelle honte!...

JOFFROY, doucement.

J'ai pensé : qu'est-ce que ce méchant fou raconte?
Oh! mais je n'ai pas dit un mot, même tout bas!
Vous alliez arriver! Il ne fallait donc pas
— Les mots étant comptés quand le souffle s'oppresse —
En dire un seul qui ne fût pas à la Princesse.

MÉLISSINDE

Dieu!

JOFFROY

　　　Je n'écoutais pas cet homme seulement!
Je regardais, là-bas. J'avais le sentiment
Qu'il fallait regarder là-bas, toujours, sans faute,
Que ce regard muet appelait à voix haute,
Et que sa fixité, la force de sa foi,
Irrésistiblement vous tireraient à moi,
Eussiez-vous même été, d'un charme, retenue!

MÉLISSINDE

Oh!...

JOFFROY ·

　　　Et vous voyez bien que vous êtes venue.
(Il aperçoit Bertrand.)
Bertrand, merci! Ta main?
(Bertrand, poussé par frère Trophime, s'avance et met en frissonnant sa main
dans celle de Rudel.)
　　　　　　Toi, tu ne m'as pas cru
Capable, au seul récit d'un mauvais inconnu,
D'outrager ton cher cœur même d'une pensée?
(Bertrand lui baise la main.)

MÉLISSINDE

Oh! cette foi si noble...

JOFFROY

　　　　Elle est récompensée!
Vous êtes là. J'ai donc tout ce que j'ai rêvé!...
(Avec un sourire.)
La princesse est venue; ô ma princesse, avé!
(Il ferme les yeux épuisé par ces paroles.)

ÉRASME

Attendez. Il reprend force. Parler l'épuise.

BERTRAND, d'une voix sourde à frère Trophime.

Je ne peux, ça m'étouffe, il faut que je lui dise...

FÈRRE TROPHIME

Quoi, mon fils?
(A Bertrand qui baisse la tête.)
                    Non! c'est trop à toi-même songer!
Tu voudrais par l'aveu lâche, te soulager,
Troubler, pour te sentir moins vil, sa dernière heure!
Non! garde le silence, et que paisible, il meure!

BERTRAND

Mais il saura bientôt combien je le trompais!

FRÈRE TROPHIME

Alors son âme ayant l'imperturbable paix
Ne sera qu'indulgence et tendresse chrétienne,
Mon fils, en connaissant la misérable tienne.

MÉLISSINDE

Oh! qu'il revienne à lui, mon Dieu! Sa noble foi,
J'y répondrai! J'incarnerai son rêve en moi!
En croyant à des fleurs souvent on les fait naître:
La dame qu'il voulut me croire, je veux l'être!
Je veux, pour expier, adoucir cette mort,
Et tant mieux s'il m'en coûte un douloureux effort!
Il faut que, grâce à moi, ce malheureux poète
Sorte, sans y penser, de sa vie inquiète,
Et prenne, tout distrait par mon sourire cher,
L'obscure voie où doit s'engager toute chair!
— Recouvrons de beauté ces minutes brutales!
Et dès qu'il rouvrira les yeux, pleuvez, pétales,
Parfums, élevez-vous en bleuâtres vapeurs,
Et vous, harpes, chantez sous les doigts des harpeurs!
— A nos pures amours, tu viendras, ô musique,
Ajouter chastement de l'ivresse physique!

ÉRASME

Le prince ouvre les yeux...

(Les pétales pleuvent, la musique joue, les encensoirs s'agitent.)

MÉLISSINDE, se penchant vers lui.

Prince Joffroy Rudel...

JOFFROY

Je n'avais pas rêvé...

MÉLISSINDE

Je viens à votre appel...
Je savais votre amour et sa longue constance —
Oui, depuis bien longtemps et par plus d'une stance
Des pèlerins qui vont chantant, et des jongleurs!
Vous étiez donc pareil à nos palmiers en fleurs
Dont les fleurs sont, au loin, à d'autres fiancé s...
Vers les miennes venaient, dans le vent, vos pensées!
Quand vous pleuriez, le soir, des pleurs qu'on croyait vains,
Mon âme les sentait ruisseler sur mes mains!
Mais, puisque vous voulez connaître l'Inconnue,
Puisque vous m'appelez, prince, je suis venue,
Et vous voyez, je suis venue, ô mon ami,
Parmi les encensoirs qu'on balance, parmi
Les parfums de cyprès, de santal et de rose,
Tandis que tinte au loin la cloche de Tortose
Et que vibrent les luths et les psaltérions,
Puisque c'est aujourd'hui que nous nous marions!

JOFFROY, ébloui.

Une pareille joie est-elle bien certaine?

MÉLISSINDE

Comment la trouvez-vous, la Princesse lointaine?

JOFFROY

Je la regarde... éperdument! — Oh! tous mes vœux!
Elle est bien comme je voulais! Ses longs cheveux
Échappent au tressoir en une double vague,
Et mon dernier soleil rit dans sa grosse bague!

Tu fais trembler pour son col frêle, ô lourd collier!
Son sourire étranger m'est déjà familier!
Sa voix, où l'on entend un tumulte de sources,
Se boit comme une eau fraîche après de longues courses!
Et ses yeux, dépassant tout espoir, ses yeux pers,
Sont si larges et si profonds que je m'y perds!

> MÉLISSINDE, lui mettant au doigt sa bague.

Voici pour votre doigt ma bague d'améthyste
Dont la couleur convient à notre bonheur triste;
> (Lui passant au cou son collier.)
Voici pour votre cou mon collier à blason!...
> (Défaisant tous ses cheveux sur lui.)
Et voici mes cheveux, puisque, nouveau Jason,
Ils sont la Toison d'or qu'au prix de tant de luttes,
De tant de maux, de tant de soupirs, vous voulûtes!
O pèlerin d'amour sur les glauques chemins,
Voici les mains que vous chantiez, voici mes mains!
Et voici, puisqu'il fut votre but de l'entendre,
— Écoutez bien — voici ma voix, soumise et tendre!...

> JOFFROY

Ils vous font peur, mes yeux déjà gris et vitreux?

> MÉLISSINDE

Et voici maintenant mes lèvres sur vos yeux!

> JOFFROY

Mes lèvres vous font peur, que gercèrent les fièvres?

> MÉLISSINDE

Et voici maintenant mes lèvres sur vos lèvres!
> (Silence).
> JOFFROY, appelant.

Bertrand!
> (Bertrand s'approche; à Mélissinde, montrant les mariniers qui sont autour de lui.)
J'avais promis de vous dire aujourd'hui
Quel fut pour moi le cœur de ces gens...
> (Trop faible, il fait signe à Bertrand.)
Toi, dis-lui.

> BERTRAND, debout au milieu des mariniers à genoux.

Si vous saviez sous ces peaux rudes et tannées
Quelles âmes d'enfants, ouvertes, spontanées!

Aimez-les, ces obscurs à la simple ferveur,
Ces dévouements actifs qui portaient le rêveur!
Comme les chardons bleus qui poussent sur les plages,
Ils ont des cœurs d'azur dans des piquants sauvages!...

MÉLISSINDE

Eh bien! je leur souris...

JOFFROY

Je grelotte...

MÉLISSINDE

Joffroy,
Vous êtes dans mes bras, serré...

JOFFROY

Je n'ai plus froid,
Mais un frisson d'angoisse horrible me traverse.
Êtes-vous là?...

MÉLISSINDE

Sur ma poitrine je vous berce
Tout doucement, comme un petit!

JOFFROY

Je n'ai plus peur.

MÉLISSINDE

Songez à nos amours! — Songez à la hauteur
Où parmi les amants, notre gloire nous guinde!
Songez que je suis là, — que je suis Melissinde;
Répétez-moi comment vous m'aimez et jusqu'où!

JOFFROY

Ah! je meurs!...

MÉLISSINDE

Regardez ces perles à mon cou!

JOFFROY

Oui, votre cou divin... Oh! mais tout se dérobe...
Je sens que je m'en vais...

MÉLISSINDE

Tenez-vous à ma robe!
Prenez-moi bien. Entourez-vous de mes cheveux!

JOFFROY

Oui! Vos cheveux encore! encore! je les veux!
Je suis dans leur parfum, — je suis...

MÉLISSINDE, à frère Trophime.

Hélas! saint prêtre,
Je dois auprès de lui vous laisser seul, peut-être?

FRÈRE TROPHIME

Non, madame. L'amour est saint. Dieu le voulut.
Celui qui meurt d'amour est sûr de son salut.

MÉLISSINDE

Joffroy Rudel, que nos amours ont été belles!
Nos âmes n'auront fait que s'emmêler des ailes!

JOFFROY

Votre manteau, brodé de pierres et d'orfrois,
Je voudrais le toucher; — mes doigts sont déjà froids;
Mes doigts ne sentent plus les orfrois et les pierres;
Mes doigts sont déjà morts...

FRÈRE TROPHIME

Récitez les prières!...
(Tout le monde autour de lui.)

MÉLISSINDE, douloureusement.

Ho!

FRÈRE TROPHIME

Proficiscere anima.
(La prière court en murmures.)

JOFFROY

Je me meurs.

MÉLISSINDE, aux musiciens.

Harpes, couvrez de chants ces trop tristes rumeurs!
(Musique douce.)

JOFFROY

Parlez, car votre voix est la musique même,
Sur quoi j'avais rêvé de mourir.

MÉLISSINDE, l'enlaçant.

Je vous aime.

FRÈRE TROPHIME

Deus clemens...
(Murmure de prières, que couvre une onde de harpes.)

JOFFROY

Parlez, que je n'entende pas
S'approcher, s'approcher le pas furtif, le pas...
Parlez, parlez sans cesse, et je mourrai sans plaintes!

FRÈRE TROPHIME

Libera, Domine...
(Murmure et harpes.)

MÉLISSINDE

Parmi les térébinthes,
Ami, c'était à vous que je rêvais le soir;
Et dans les myrtes bleus lorsque j'allais m'asseoir
Le matin, je tenais sous les branches myrtines,
Des conversations, avec vous, clandestines...

JOFFROY

Parlez, parlez!

FRÈRE TROPHIME

... ex omnibus periculis...

MÉLISSINDE

Et lorsque je marchais entre les sveltes lys,
Et qu'un d'eux, s'inclinant, semblait me faire signe,
Comme il me paraissait le seul confident digne
D'un amour si royal que le nôtre, et si blanc...
Je confiais que je vous aime au lys tremblant!

JOFFROY

Parlez! car votre voix est la musique même.
Parlez!

MÉLISSINDE

Je confiais au lys que je vous aime...

JOFFROY

Ah! je m'en vais, — n'ayant à souhaiter plus rien!
Merci, Seigneur! Merci, Mélissinde! — Combien,
Moins heureux, épuisés d'une poursuite vaine,
Meurent sans avoir vu leur Princesse lointaine!...

MÉLISSINDE le berce dans ses bras.

Combien, aussi, l'ont trop tôt vue, et trop longtemps,
Et ne meurent qu'après les jours désenchantants!
Ah! mieux vaut repartir aussitôt qu'on arrive
Que de te voir faner, nouveauté de la rive!
Mon étreinte est pour toi d'une telle douceur
Parce que l'Étrangère est encor dans la Sœur!
Tu n'auras pas connu cette tristesse grise
De l'idole avec qui l'on se familiarise;
Je garde du lointain, par lequel je te plus;
Et tes yeux se fermant pour ne se rouvrir plus,
Tu me verras toujours, sans ombre à ma lumière,
Pour la première fois, toujours pour la première!

JOFFROY

La princesse est venue! O ma princesse, adieu!

FRÈRE TROPHIME

Libera, Domine...

MÉLISSINDE, debout, le soulevant dans ses bras vers le resplendissement de la
mer. Ils sont enveloppés de la pourpre du soleil couchant.

Tout le ciel est en feu!

Vois, tu meurs d'une mort de prince et de poète,
Entre les bras rêvés ayant posé la tête,
Dans l'amour, dans la grâce et dans la majesté;
Tu meurs, béni de Dieu, sans l'importunité
Des sinistres objets, des cires et des fioles,
Dans des odeurs de fleurs, dans des bruits de violes,
D'une mort qui n'a rien ni de laid, ni d'amer,
Et devant un coucher de soleil sur la mer!

(Joffroy Rudel est mort et laisse retomber sa tête. Elle le couche doucement.
Frère Trophime s'avance.)

MÉLISSINDE

Ne fermez pas encor ses yeux, il me regarde.

SORISMONDE, avec effroi.

Il retient dans ses mains vos cheveux!

MÉLISSINDE

Qu'il les garde!

(Avec un poignard qu'elle prend à la ceinture du mort, elle coupe ses cheveux et les mains de Rudel retombent en les entraînant sur lui.)

BERTRAND

Oh! pas cela, c'est trop!

MÉLISSINDE, sans se retourner vers lui.

Qui parle ainsi?

BERTRAND

C'est trop!...

MÉLISSINDE

Vous, Bertrand? Mais il faut renoncer, il le faut!
Du voile mensonger se déchire la trame.
Mon âme sut enfin s'occuper d'une autre âme,
Et je suis différente; et du bien que j'ai fait,
Déjà s'atteste en moi le merveilleux effet!
Qu'étiez-vous, rêve, amour, rose rouge ou lys blême,
Près de ce grand printemps qu'est l'oubli de soi-même?
Afin que ce printemps, pour moi, soit éternel,
Je prendrai le sentier qui monte au Mont-Carmel!

BERTRAND

Hélas!

MÉLISSINDE, aux mariniers.

Votre œuvre ici, mariniers, se termine!
Mais pourquoi ces haillons et ces airs de famine?
Mais il vous faut du pain, il vous faut des habits!
(Arrachant à pleines mains les pierres de son manteau.)
Tenez, tenez, j'ai des saphirs, j'ai des rubis!
J'arracherai de moi ces lourdes choses vaines!
Ramassez! Ce n'est pas le paiement de vos peines;
Vous pouvez ramasser, amis, car le paiement
De votre amour, c'est la Princesse vous aimant!

9

Et voici des béryls, et voici des opales!
Je vous jette mon cœur parmi ces pierres pâles!
Les diamants vont pleuvoir, et les perles neiger!...
— Ah! je sens mon manteau divinement léger!

BERTRAND

Et moi, que deviendrai-je?...

MÉLISSINDE

Allez, avec ces hommes,
Combattre pour la Croix!

TOUS LES MARINIERS, brandissant des armes.

Pour la Croix! Nous en sommes!

LE PATRON

Nous brûlerons demain la glorieuse nef
Qui porta le poète.

TROBALDO, montrant Bertrand.

Et nous suivrons ce chef!

BERTRAND

Et nous irons cueillir, sur le Tombeau, la Palme!

MÉLISSINDE, reculant vers sa galère.

Adieu! ne pleurez pas, — car je vais vers le calme,
Et je connais enfin quel est l'essentiel!...

FRÈRE TROPHIME, s'agenouillant devant le corps de Joffroy.

Oui, les grandes amours travaillent pour le ciel.

RIDEAU

Paris. — Imp. L. MARETHEUX, 1, rue Cassette.

www.ingramcontent.com/pod-product-compliance
Lightning Source LLC
Chambersburg PA
CBHW060608100426
42744CB00008B/1365